AUTOBIOGRAFIA

CIP-BRASIL. CATALOGAÇÃO NA PUBLICAÇÃO
SINDICATO NACIONAL DOS EDITORES DE LIVROS, RJ

M835a

Moreno, Jacob Levy

Autobiografia: J.L. Moreno/Jacob Levy Moreno; Zerka Toeman Moreno. – 1.ed. – São Paulo: Ágora, 2014.

il.

ISBN 978-85-7183-143-8

1. Psicologia. 2. Psicodrama. I. Moreno, Zerka Toeman. II. Título.

14-09877

CDD: 616.891523

CDU: 616.8

www.editoraagora.com.br

EDITORA AFILIADA

AUTOBIOGRAFIA

J. L. MORENO

Tradução: Luiz Cuschnir

EDITORA
ÁGORA

Do original em língua inglesa
THE AUTOBIOGRAPHY OF J. L. MORENO, M.D.
Copyright © 2014 by Summus Editorial Ltda.

Este texto foi originalmente publicado no *Journal of Psychodrama, Group Psychoterapy and Sociometry*, v. 42, n. 1 e 2, 1989, e sua publicação em português foi autorizada a Luiz Cuschnir pelos herdeiros de J. L. Moreno, Zerka Toeman Moreno e Jonathan Moreno

Direitos desta tradução adquiridos por Summus Editorial

Editora executiva: **Soraia Bini Cury**
Editora assistente: **Salete Del Guerra**
Tradução: **Luiz Cuschnir**
Revisão técnica: **Mariana Kawazoe**
Fotografias: **acervo pessoal da família Moreno**
Capa: **Paulo Humberto L. de Almeida / Ludovico Design**
Diagramação: **Triall Composição Editorial**
Impressão: **Sumago Gráfica Editorial**

Editora Ágora
Departamento editorial
Rua Itapicuru, 613 – 7º andar
05006-000 – São Paulo – SP
Fone: (11) 3872-3322
Fax: (11) 3872-7476
http://www.editoraagora.com.br
e-mail: agora@editoraagora.com.br

Atendimento ao consumidor
Summus Editorial
Fone: (11) 3865-9890

Vendas por atacado
Fone: (11) 3873-8638
Fax: (11) 3873-7085
e-mail: vendas@summus.com.br

Impresso no Brasil

SUMÁRIO

PREFÁCIO À SEGUNDA EDIÇÃO

Algumas obras têm uma produção (ou *making of*, como o pessoal de cinema gosta de chamar) tão interessante que o trabalho de realizá--las acaba virando uma obra adicional. A história por trás desta autobiografia de J. L. Moreno talvez não necessite de um livro, mas com certeza merece um capítulo à parte.

Comecemos pelo final: quando o dr. José Fonseca Filho me falou em reeditar a autobiografia, a ideia coincidiu com um movimento que existia dentro de mim no sentido de ampliar a divulgação desse livro que publiquei há 20 anos. Ele estava esgotado no Brasil, e em todo congresso da Federação Brasileira de Psicodrama (Febrap) a que eu comparecia com alguns exemplares remanescentes via-os ir embora muito rapidamente. O constante crescimento da comunidade psicodramática foi outro fator para aumentar a cobrança de uma reedição desse particular testemunho de Moreno, elaborado por seu filho, Jonathan.

Até a metade do curso de Medicina eu não tinha total certeza de que seguiria a Psiquiatria. Mas em dado momento parti para essa especialidade e, ainda bem jovem, numa época de efervescência política e social, optei pelo psicodrama na hora de escolher uma linha para minha própria psicoterapia. Lembre-se de que estamos falando do início da década de 1970; o psicodrama despontava no Brasil como uma abordagem mais moderna e mais adequada àquele tempo. E, mais, a Associação Brasileira de Psicodrama e Sociodrama (ABPS) era a única — naquele momento — a aceitar estudantes de último ano dos cursos superiores. Ou seja, uni o útil ao que estava na vanguarda social e acadêmica.

À medida que fui me aprofundando no estudo da obra de J. L. Moreno, porém, comecei a ver que o que eu estudava não parecia ser o mesmo aplicado em minhas sessões. Moreno tinha uma proposta muito mais completa e complexa do que aquilo, e eu precisava entender mais.

Comentando essa angústia com um amigo psiquiatra, ele disse: "Por que você não vai para os Estados Unidos e faz um curso no instituto do Moreno? Você tem condições para tanto". Isso era verdade. Desde a morte de meu pai, além da minha mãe, meu tio e minha avó investiram pesadamente em minha formação. E assim, como presente de formatura do primeiro sobrinho e neto a se formar em Medicina na família, ganhei o sonhado estágio lá.

Assim, em 1973, num gelado inverno do norte do estado de Nova York, comecei meu estágio de 30 dias com o "Doctor" (como assim o chamávamos) no World Center of Psychodrama, na cidade de Beacon. Éramos 17 alunos naquela turma, de várias partes do mundo, com uma dura rotina de três sessões por duas horas e meia de psicodrama por dia, de domingo a domingo (só folgávamos no domingo à noite), incluindo uma sessão aberta aos sábados à noite com a participação da comunidade. Era a consagração do ensinamento de J. L. Moreno que diz que o psicodrama deve ser vivido o tempo todo, enquanto a sociometria serve para compreender e tratar a sociedade.

Para as sessões, usávamos o jardim (quando o tempo permitia), a casa dos estudantes e, principalmente, o teatro terapêutico do instituto — amplo, alto e totalmente equipado para os diversos trabalhos dramáticos. Como Moreno já estava bastante debilitado, as sessões da tarde e da noite eram coordenadas por sua esposa, Zerka Toeman Moreno, e as da manhã por Ann Hale, diretora residente. Nesse clima de "república de faculdade", os alunos passavam o tempo todo juntos. Vivíamos na casa, tomávamos refeições juntos e concomitantemente nos expúnhamos profundamente em nossos trabalhos psicodramáticos. Com muita, muita conversa, vivíamos de alguma maneira um "Big Brother" terapêutico da hora em que acordávamos até irmos dormir.

Aos 23 anos, eu era o mais novo da turma. O filho de Moreno, Jonathan, era apenas dois anos mais novo que eu e visitava constantemente o instituto, vindo de Manhattan, onde estudava. Acabamos por selar uma amizade que posteriormente deu asas a este livro e perdura até hoje.

Apesar das dificuldades de locomoção, Moreno concedeu a nós, estudantes, uma grande alegria quando, certa noite, aceitou jantar em nossa residência. Foi a última vez que saiu de sua casa, que ficava na entrada da propriedade, e — sempre vaidoso — se apresentou com terno branco e chapéu. Sua expressão, que misturava sabedoria e ironia, ficou eternizada em um busto esculpido em 1972. Jantamos todos juntos; ele se sentou na cabeceira de uma grande mesa e começou a contar coisas de sua vida e do psicodrama.

Moreno também me concedeu alguns encontros particulares, em novembro de 1973, em seu escritório. Registrei isso com muitas fotos. Rodeado de livros e revistas, o mestre passava seus dias lá, estudando, refletindo. Ao me receber, deu conselhos valiosos para construir minha vida como terapeuta e como pessoa. A imagem desse encontro está imortalizada em uma foto em meu consultório, mas a força desse encontro ficou gravada na minha trajetória.

Hoje, tantos anos depois, minhas lembranças desses encontros mais se assemelham a uma *seudá* (refeição festiva pós-serviço religioso) ou aos *shiur* (aulas sobre judaísmo) de que participei ao longo da vida.

Dali a seis meses, o "Doctor", que já havia feito suas despedidas, nos deixou, legando ao mundo um projeto em forma de psicodrama. Foi com muita dor que recebi a carta de Zerka — que ainda guardo comigo — destinada a todos os alunos de seu marido, comunicando o falecimento do *moré ánu* ("nosso professor", em hebraico). Curioso se assemelhar tanto com seu nome: "More-no".

Eu ainda voltaria ao instituto em Beacon no ano de 1982, quando em nossas correspondências soube que a instituição seria vendida em virtude de dificuldades financeiras da família. Eu não podia perder os últimos momentos do teatro e do grupo a ser treinado naquele local, e assim parti para mais uma imersão no psicodrama. Dessa vez, porém, eu não era mais um molecote *hippie* recém-saído da faculdade. Já era médico psiquiatra praticante e pai.

Essas duas experiências no instituto, concomitantes ao relacionamento com Zerka e Jonathan, acabaram fazendo que eu constituísse o meu "Museu do Moreno". Ele consiste em objetos, livros anotados pelo mestre, declarações, divulgações de todos os tipos, fotos, pôsteres e muito mais. Esses objetos todos me inspiraram anos depois a escrever um capítulo no livro *O psicodramaturgo* (São Paulo: Casa do Psicólogo, 1990) em que essas relíquias participam de uma sessão de psicodrama e dão um panorama de quem era Moreno e do que representaram aqueles estágios.

Durante os anos que seguiram meu primeiro treinamento em Beacon, trouxe Zerka duas vezes ao Brasil para *workshops* de psicodrama na Sociedade de Psicodrama de São Paulo (SOPSP), onde ampliei e completei a minha formação.

Também fiquei em constante contato com Jonathan. Sempre que podíamos marcávamos de nos ver em congressos e viagens. Em 1989, ele publicou no volume 42 do *Journal of Psychodrama, Group Psychoterapy and Sociometry*, um artigo que acabou se tornando o material principal do livro que você tem em mãos. Dois anos depois, jantei com ele e mencionamos essa matéria. Como eu estava lançando minha primeira obra sobre relacionamento masculino-feminino e havia pedido a Zerka que fizesse o prefácio, me ofereci para publicar esse texto em forma de livro, fazendo a tradução e correndo atrás de uma editora. Seria algo inédito no mundo — ele me disse que não estava fácil encontrar uma editora por lá.

Para isso me propus realizar a tarefa de unir o conteúdo do artigo com aquilo que entendo ser psicodrama, ligando tudo isso às raízes religiosas de J. L. Moreno. E assim, enquanto eu escrevia meu primeiro livro, traduzia este aqui. Depois publiquei meu segundo livro, mas esta tradução não acabava. Aconteceu que, ao buscar as raízes religiosas de Moreno, acabei por perceber minha própria origem interferindo na tradução. O prazer de ler e reler cada parágrafo, as várias passagens que aqui estão descritas, os termos em ídiche que minha tia ajudava a traduzir... tudo isso me fascinava. Eu queria ficar viajando na história de vida desse homem, já que tudo me era muito familiar e ao mesmo tempo me transportava para as lembranças de ter vivido diuturnamente o verdadeiro psicodrama naquele ambiente. E aí veio a cobrança de Zerka, que me escreveu: "Você não ficou de publicar a autobiografia? Já publicou esses outros e nada do nosso?"

Acordei da minha "viagem" e terminei o livro, incluindo algumas traduções de termos da cultura judaica, explicando um pouco mais o que alguns significavam e ilustrando com uma pequena parte do material fotográfico de minha passagem por Beacon. Foi — no final — uma maneira de participar mais pessoalmente da publicação, de modo que transcendesse uma mera (e fria) tradução. Fiz questão de ter em mente a voz, os gestos, as lembranças do que ele havia me deixado como marcas de sua personalidade, para ser o mais fiel possível na tradução de sua pessoa na autobiografia. Ao escolher a capa do livro, criei um fundo em que escrevi seu nome em hebraico.

Hoje, ao ler ou reler este livro, você, leitor — seja estudante, profissional psicodramatista ou amante de leituras biográficas —, vai automaticamente enxergar, com vivacidade e detalhamento, as cenas apresentadas. A primeira delas aparece logo na apresentação feita por Jonathan Moreno, que fala de sua relação com J. L. O filho se considerava o maior crítico e o maior defensor do pai e, por intermédio de suas palavras, é possível entender como J. L. foi, como se aproximou do filho e conviveu com ele e a leitura pessoal que Jonathan faz da vida de seu pai. Mais do que tudo, é a possibilidade de um filho olhar esse pai em toda sua plenitude, entendendo como viveu e, apesar do elevado nível crítico, expressar e declarar seu amor a ele.

Não há como não se emocionar sabendo dessa cena do pai "levando a sério os conselhos cautelosos" do filho quando com 8 anos de idade e depois ver que nesse seu legado é tão bem cuidado por esse mesmo filho.

Em seguida, Jonathan traz mais detalhes sobre os manuscritos do pai. J. L. deixou um enorme material autobiográfico escrito, em especial um manuscrito de 500 páginas, mas coube ao filho selecioná-lo e limpá-lo, tirando redundâncias e aprimorando o "desajeitado inglês germânico" do pai. Essa massa de informação sem muita coerência (nas palavras de Jonathan) que J. L. Moreno legou ao filho foi — por muito tempo — um impedimento para que esta autobiografia saísse. Por sorte, também o convenci a publicá-la naquele jantar. E, por amor e respeito, pudemos transformar aquele material nesta obra que registra a vida de um homem e seu tempo e lhe dá mais valor.

Moreno e eu em 1973

Nesta autobiografia, Moreno ressalta sua identidade judaica em diversos momentos, como quando menciona o seu *bar mitzvá* (maioridade judaica) e a *baklavá*[1], iguaria que sua mãe cozinhava. Zerka, aliás, dizia que ele era muito flexível ao comer, nada exigente nem quando viajavam. Mas a origem judaica também vai se refletir em toda sua obra.

Mais parecendo um *madrich* (líder de movimento juvenil judaico), J. L. Moreno entretinha as crianças no início do século 20 em Viena, na Áustria, transmitindo-lhes sutilmente conceitos de fraternidade, bondade, humildade e dedicação ao próximo, todos ligados a *tsedacá* (mandamento judaico de doação espiritual e da busca de justiça social). Sobre a experiência de relatar contos de fadas a esses infantes, ele disse:

> Descobri que nunca conseguia repetir a mesma história, que sentia uma obrigação para comigo mesmo e para com as crianças de manter a sensação de encantamento delas mesmas quando o enredo era o mesmo, mantendo-me num nível de espontaneidade e criatividade, a fim de estar à altura das demandas rigorosas do meu ego criativo, que não me dava a "licença poética" de ser menos. [...] Quando olho para uma criança, vejo "sim, sim, sim, sim". Elas não precisam aprender a dizer sim. *Nascer é sim.* Você vê a espontaneidade na sua forma de vida. Está descrito por toda parte na criança, em sua "fome de atos", em como ela olha para as coisas, em como ouve as coisas, ao se apressar no tempo, quando se move no espaço. Como agarra os objetos, como sorri e chora. [...]

Nada mais judaico.

Ao dedicar-se aos refugiados com seu amigo Chaim Kellmer, que estava prestes a fazer uma *aliá* (retorno a Israel), dava aulas e reforços nos estudos e recebia como pagamento cama e comida.

---

1. Doce feito com massa folhada fina, recheada com geleia, nozes e amêndoas. [N.T.]

Pedia que entregassem seus honorários como doações a uma instituição onde ele e Kellmer prestavam trabalhos voluntários. Nada mais judaico.

Em sua teoria de desenvolvimento de papéis e nas referências ao que considerava importante ser abordado no ser humano, incluía a necessidade de reconhecimento. Reconhecer-se como indivíduo com centelhas divinas. Todos são divinos. Moreno nunca foi afeito a que o indivíduo se culpasse, caracterizando os chamados complexos de inferioridade, nem a interpretar os desejos ocultos a fim de mostrar ao indivíduo como ele age errado. Ao contrário, ele era a favor do contato sincero, direto, télico (tele como capacidade de percepção, de emissão e de colocar-se no lugar do outro) — como maneira límpida, transparente, de relacionamento entre as pessoas. Cada um deve, sim, desenvolver ao máximo seus potenciais, semelhante ao Deus criador.

Indubitavelmente sua obra, ao contestar em muitos momentos a psicanálise dominante na época, passa pelos preceitos mais importantes dos ensinamentos judaicos: o dever de comemorar-se sempre e com alegria. A alegria deve estar sempre presente. "Levanta-se do *Shive*" (fase de rezas do luto fechado pela morte de um ente querido) para comemorar-se o *Shabat*, o dia da semana sagrado da vida. Há sempre o que comemorar, mesmo nessas horas. Enfim, por meio da alegria, o homem se eleva, tornando-se menos vulnerável e fraco. Quando Moreno morreu, inscreveu-se em sua lápide: "Aqui jaz o homem que abriu as portas da Psiquiatria para a alegria". Nada mais judaico.

Moreno acreditava piamente no ser humano e no seu potencial. Quem se coloca como Criador desenvolve seu potencial máximo, acredita-se capaz de transformar a si e também ao outro.

Em *As palavras do pai*, ele mostra que a relação humana recria um milagre, uma ação divina na sua intensidade plena, no vínculo afetivo direto. Indica a responsabilidade que temos com a vida, a nossa e a do outro. Ele enfatiza o EU e como a primeira pessoa é capaz de ser responsável pelo mundo à sua volta, pela sociedade, pela natureza, pelo ambiente, pelo corpo físico e espiritual. Transcende o agora e parte para o Universo Cósmico e para a transcendência através das gerações.

LUIZ CUSCHNIR
outubro de 2013

APRESENTAÇÃO

Como poderia o pioneiro do psicodrama e da sociometria, do jogo de papéis e da psicoterapia de grupo, do moderno teatro da espontaneidade, de grupos de encontro e da arteterapia, e até de uma técnica para gravações sonoras — como poderia alguém possuidor de tamanho gênio criativo, com tantas influências na cultura contemporânea —, como poderia um homem como esse ser tão mal compreendido em sua época? Esse é o mistério da vida de J. L. Moreno.

Em outros tempos, Moreno talvez tivesse sido um profeta religioso, um mágico ou um guru; em seu próprio tempo, ele foi tudo isso e mais, um cientista. Qualquer que fosse o seu papel, ele teria procurado curar almas enfraquecidas, restabelecer vidas que não tinham sentido e ajudar aqueles que tivessem perdido seus sonhos a sonhar de novo. O que mais lhe doía era ver pessoas sem confiança em seu próprio poder criativo e sem a espontaneidade necessária para criá-lo. Para Moreno, onde há espontaneidade e criatividade há, no mínimo, esperança.

Por isso, Moreno amava crianças mais do que adultos, doentes mentais mais do que pessoas sadias, e atores mais do que intelectuais. Ele apreciava o jogo imaginativo infantil, os excessos do psicótico e a fome do ator para obter mais um papel. Para ele, as instituições eram "conservas" que restringiam a espontaneidade e a criatividade. As máquinas eram o símbolo do maior perigo que a humanidade enfrentava no século 20: o de que nós próprios nos tornaríamos robôs incapazes de desenvolver formas novas e adequadas de vivermos uns com os outros.

Entretanto, Moreno não foi um reacionário desejoso de um passado "mais puro". Ao contrário, empenhou-se a vida inteira numa série espantosa de atividades eminentemente modernas, de projetos de comunidades terapêuticas à previsão dos vencedores de campeonatos de peso-pesado para importantes jornais. Em suas viagens fez muitas conferências, apreciando qualquer oportunidade de divulgar suas ideias. Muitas destas eram, em sua opinião, verdadeiramente revolucionárias, apresentando a possibilidade de uma mudança bem mais fundamental na vida social do que as de um Darwin, um Marx ou um Freud.

Assim, a inspiração de Moreno provinha mais das tradições religiosas antigas, da filosofia grega e do drama clássico do que da ciência social moderna e da psiquiatria, embora ele fosse um incansável estudioso nesses campos. Em consequência, isso o colocaria à parte da principal corrente científica, ainda que ele continuasse a exercer uma influência inegável sobre ela, em geral *de fora*.

Moreno sabia que sua ardente independência e megalomania, como ele mesmo costumava mencionar, mantê-lo-iam como um estranho (*outsider*), mas ele era ambivalente sobre seu *status*, inclusive apreciando a liberdade que isso lhe dava. Aos 30 anos, fundou seu próprio movimento religioso, seu próprio teatro e sua própria revista; 25 anos depois, já tinha um hospital psiquiátrico, uma escola e uma editora. Mas percebeu que o isolamento total era impossível e autodestrutivo. Porém, com alguma ambivalência, propôs apresentações em sociedades profissionais, conferências em universidades e aceitou até lecionar por um tempo ocasionalmente. Em geral, ele achava esses contextos enfadonhos, aborrecidos, apesar de não permitir que abafassem sua espontaneidade natural — às vezes com consequências infelizes.

Décadas antes da ampla aceitação da psicoterapia de grupo ou da realização de grupos de encontro, terapia familiar, terapia gestáltica e outras, Moreno realmente estava sozinho na propagação de métodos grupais. Sua confiança no poder curativo do tratamento em grupo baseava-se em sua crença de que, em princípio, o amor humano altruísta é um recurso infinito. Moreno considerava o clima psicanalítico dominante nos Estados Unidos daqueles dias uma atitude unidimensional e destrutiva, que reduzia a natureza humana a seus componentes mais básicos. Muitas vezes, ao tentar demonstrar técnicas de ação construídas sobre o sistema social de um grupo verdadeiro de profissionais, ele era expulso da sala sob vaias.

Essas experiências consolidaram a falta de inclinação natural de Moreno para submeter-se às restrições de instituições externas. Apesar do teimoso comprometimento com suas ideias, não degenerou para a arrogância — o resultado final foi ambíguo. De um lado, possibilitou-lhe resistir à dúvida pessoal originada pela rejeição de seus pares; de outro, aumentou seu desejo de ter suas ideias mantidas conforme surgiam em sua mente, com medo de que sua pureza fosse distorcida por outros. Não que Moreno se preocupasse com que seu nome fosse ligado à sua produção. Ao contrário: quando jovem, ele publicou uma dúzia de pequenos livros anonimamente e acreditava sempre que no final todas as ideias derivam da mesma fonte espontâneo-criativa.

Por ironia, esse estilo protetor trouxe duas espécies de resultado divergentes. Não só o nome de Moreno era com frequência dissociado de suas ideias, conforme permeavam a cultura mais amplamente, como também, não tendo uma figura de parte do "sistema" com a qual pudessem se identificar, elas em geral perdiam sua integridade. Técnicas psicodramáticas se tornavam jogo de papéis, dramaterapia ou, mais tarde, elementos de outras modalidades terapêuticas. A análise sociométrica tornou-se genérica para métodos quantitativos em sociologia e psicologia social e se separou do trabalho terapêutico com pequenos grupos. A psicoterapia de grupo perdeu sua ligação sistemática com o psicodrama e a sociometria, e a agitação do *impromptu theater* se dispersou em várias versões do pretenso teatro do improviso.

Seria errado concluir que Moreno foi um profeta não reconhecido em seu tempo. Com certeza houve honrarias suficientes, as quais descreverei, ainda que talvez não sejam adequadas às suas realizações. Mas existe o elemento trágico de sua história, trágico no sentido clássico em que o orgulho do herói é seu pior inimigo. Curiosamente, a típica forma de orgulho não se manifestou como desdém pelos outros, mas como uma confiança ilimitada no potencial humano. Aqueles que não compartilhavam dessa confiança, ou eram ameaçados pelo modo como ele buscava sua lógica, eram os que não podiam tolerá-lo, enquanto os que compartilhavam dela, ou precisavam acreditar nela, encontravam nele um poderoso pai.

A essência da história da vida de Moreno, creio, é a incessante perseguição de sua crença no potencial de todas as pessoas. Aprofundando-se nesse caminho, ele empreendeu seu próprio psicodrama.

O dilema existencial que ocorreu com Moreno quando tinha 20 e poucos anos — embora tenha sido previsto em acontecimentos anteriores — foi este: o que significa esse "eu", esse "mim"? Seria um insignificante nada, uma mancha momentânea num selvagem infinito e eterno, na essência sem significado? Ou é tudo que há e pode ser, a coisa maior que existe, o próprio Cosmos? Aplicando uma variante do que outro médico-filósofo, William James, chamava de vontade de acreditar, Moreno escolheu a última opção. Por que não? Por que escolher ser o mínimo em vez de ser o máximo que se pode ser?

Naturalmente, muitas pessoas já se fizeram essa pergunta através dos anos e em cada canto. O que as diferenciou foi a maneira como modelaram sua escolha, e em parte ela tem sido reflexo de circunstâncias culturais, tradições, imagens e metáforas às quais cada uma dessas pessoas teve acesso. Moreno descendia de uma linha de judeus sefarditas, espalhados em ondas que se estenderam da Espanha à Turquia. O nome Moreno foi da família por muitas gerações (embora seu nome de batismo fosse Jacob Moreno Levy), sendo um prenome antigo e ilustre naquela parte do mundo judaico. Seus antepassados mais próximos foram sábios e negociantes; nenhum, que se saiba, foi médico.

Submetida frequentemente a infames ataques, inquisições e *pogroms* em seus lares adotivos, essa gente tinha como única grande preocupação espiritual o problema do messias. O misticismo era parte diária da rica vida folclórica dessas pessoas, e o universo era visto como um lugar misterioso e, literalmente, terrível. Focos de entusiasmo religioso surgiam aqui e ali, e apareceram vários "falsos messias" muito influentes. Um desses, talvez o mais importante, apareceu na Turquia, sendo mencionado nesta autobiografia. A carreira de Sabbatai Zevi criou uma reação extraordinária e convulsiva entre os judeus e parece até ter ameaçado a estabilidade das leis do sultão. Quando esse movimento terminou, com a aparente conversão de Sabbatai ao islamismo, a comunidade estava desorganizada.

O pai de Moreno era turco; portanto, de acordo com o costume da época, ele era considerado turco apesar de ter nascido na Romênia. Não se sabe durante quantas gerações a família viveu na Turquia, mas parece ter-se entrosado bem naquele meio. A descrição que Moreno fazia de sua mãe dava impressão de que ela era a via de transmissão dessas tradições místicas no lar.

O papel messiânico era, pois, intimamente familiar para o jovem Moreno. Dava forma ao seu estilo pessoal expansivo, gregário e compassivo e à tendência dos outros de admirá-lo por seu carisma. Ele disse, refletindo retrospectivamente, que poderia ter entrado numa verdadeira psicose nessa ocasião, mas, pelo fato de isso não ter ocorrido, convenceu-se de que não há necessariamente algo patológico nas preocupações messiânicas. Na verdade, elas podem ser vistas como expressões de hipercriatividade. Antecipando movimentos recentes "antipsiquiátricos", o objetivo de Moreno em terapia nunca foi atingir certa normalidade fictícia (e monótona), mas treinar em níveis mais altos de espontaneidade para que, quando pronto, o protagonista pudesse trocar esse papel por outro.

Moreno não se dispunha a dissociar-se desses *insights* precoces. Seus *insights* eram uma parte muito forte dele para ceder ou se fazer "respeitáveis" aos olhos de seus colegas menos imaginativos. O refrão simplista "Esse Moreno realmente pensa que é Deus" o perseguiu durante toda sua carreira. Moreno não salientaria o próximo passo crucial em seu raciocínio: se se quer de fato ser amoroso e bom, deve-se fazer o papel de Deus (*Godplayer*), pois nenhum outro papel pode aproximar a transmissão dessas qualidades em sua plenitude. Qualquer um que se esforce para obter a perfeição dessas qualidades deve ser um *Godplayer*.

Para entender o psicodrama pessoal de Moreno, sua identificação com a divindade (*Godhead*), deve-se vê-lo como um representante de toda a humanidade. Moreno, porém, estava muito ocupado perseguindo sua ideia fixa para explicá-la aos outros. Ele teria dito: "É por isso que todos precisamos de egos-auxiliares para nos dar uma mão; é por isso que deveríamos ajudar Deus em seu trabalho com o Cosmos, sendo egos-auxiliares Dele. Há tanta miséria e sofrimento no mundo que até Deus parece incapaz de curar tudo sozinho, portanto precisamos repartir a responsabilidade".

Nesse espírito eu escrevo esta apresentação — como o ego-auxiliar de meu pai. Esse é o papel tradicional para os filhos assumirem, o mais antigo que existe. Para ser um bom ego-auxiliar, devo trocar de papel com ele, mesmo ele estando morto. O fato de ele estar morto não deve influenciar a inversão de papéis, contanto que eu seja espontâneo o bastante. Os pais são capazes de trocar de papel com seus bebês e atender a suas necessidades mesmo quando estas não são proferidas pela criança; quando os pais envelhecem e ficam senis, seus filhos eficazmente invertem o papel com eles.

Quando entrei em cena, meu pai tinha 63 anos de idade. O vigoroso aventureiro descrito nestas páginas esteve presente esporadicamente durante minha infância, pois eu vim a conhecer meu pai em seus primórdios tanto quanto o leitor conhecerá.

Como a maioria dos filhos, fui o mais persistente crítico do meu pai, bem como seu mais apaixonado defensor. E, como a maioria dos filhos, pouco me interessei por sua vida anterior ao meu nascimento. Isso começou a mudar mais ou menos na época em que entrei na faculdade, e, como diz o provérbio, voltei para casa e achei que ele tinha se tornado muito mais sábio e interessante. Certa manhã, mergulhei minha atenção nele durante três horas, ouvindo pela primeira vez, enquanto ele relembrava seus próprios anos na universidade, muitas das histórias que constam de sua autobiografia. Comecei a insistir para que ele as escrevesse, o que, para meu imenso prazer, ele fez pouco depois.

O texto por si mesmo é um *tour de force* da vida cultural do século 20, bem como o relato de uma jornada espiritual. Mas a jornada é descrita do seu interior, não como um registro histórico. O leitor vai querer saber mais sobre as reais circunstâncias históricas, sobretudo nos últimos anos de vida do meu pai. Tal relato pode ser dado aqui esquematicamente, aguardando as mãos de um biógrafo.

Creio ser justo dizer que por volta de 1950 a reputação de Moreno nos Estados Unidos atingira o ápice. Suas teorias sobre a reconstrução social das comunidades, especialmente conforme apresentadas em *Quem sobreviverá?*, atraíram muita atenção de círculos civis e militares durante a guerra. O próprio presidente Roosevelt pediu para conhecer Moreno em Hyde Park e elogiou a sociometria, chamando-a de "sociologia progressista". O jornal *Sociometry* era popular na instituição científico-social e publicava as personalidades mais importantes em artigos e discussões candentes. John Dewey tinha cópias de *Quem sobreviverá?* e de *Sociometry, experimental method and the science of society* [Sociometria, método experimental e a ciência da sociedade] em sua biblioteca particular e, junto com Margaret Mead, participou de diversos conselhos editoriais de Moreno, sendo seguido pelo decano da psiquiatria americana Adolf Meyer, da Johns Hopkins. William Alanson White e Winfred Overholser tinham instituído o psicodrama no St. Elizabeths Hospital, em Washington, D.C., e admi-

raram o seu poder clínico. O que era então o departamento de relações sociais de Harvard estava repleto de amigos e colaboradores de
Moreno, incluindo Pitirim Sorokin, Samuel Stouffer e Robert Freed
Bales. Henry Murray, no departamento de psicologia, era um amigo
íntimo e assim foi até a morte de meu pai. O centro de treinamento
de psicodrama em Beacon era uma incubadora de atividades para os
jovens profissionais que buscavam alternativas à psicanálise: o hospital
psiquiátrico em Beacon tratava de pacientes considerados "não tratá-
veis" em outros lugares, e parecia haver em quase todos os distritos
escolares do país um orientador designado de "sociometrista" para
ajudar a organizar um ambiente social próprio à aprendizagem.

Moreno não pôde resistir, permanecendo o *enfant terrible* da psiquiatria americana, apesar da presença de uma corrente de aceitação.
Quando concorreu à presidência da Associação Americana de Psiquiatria (APA), disse que o fazia porque a instituição nunca elegera
um gênio como presidente. Aliás, a comunidade psiquiátrica nunca o
aceitou completamente, pelo menos não nos Estados Unidos, embora o mesmo não possa ser dito em relação à sociologia e à psicologia
clínica. Muitas vezes, Moreno desdenhou o prestígio que automaticamente é associado a quem detém um diploma médico nos Estados
Unidos, e os sociólogos eram menos formais e abertos a novas técnicas para aplicação de sua ciência inovadora. Em psicologia clínica e
psicoterapia, a história foi mais complexa.

Moreno se considerava, com muita propriedade, o *pater familias*
dos métodos de terapia de ação. Mas seus padrões de lealdade quase
sempre tornavam periclitante o relacionamento com estudantes pro-
missores. Kurt Lewin, por exemplo, foi um "protegido" por algum
tempo, e Moreno sentiu-se um tanto abandonado pelo subsequente
percurso de Lewin e de seus seguidores. Mas o mais amargo rompimento por alguns anos foi entre Moreno e o fundador da Associação
Americana de Psicoterapia de Grupo (AGPA), Sam Slavson. A Sociedade Americana de Psicoterapia de Grupo e Psicodrama (ASGPP) de
Moreno refletia seu estilo despojado, e as credenciais eram irrelevan-

tes para qualificar a associação de um membro. A AGPA era orientada mais para profissionais doutorados — uma ironia, pois o próprio Slavson não tinha esse nível de estudo. Durante os anos 1950, a rivalidade entre Moreno e Slavson às vezes chegava ao absurdo, como quando este alegou que o psicodrama fora inventado por um sueco chamado Jorgensen e importado para os Estados Unidos por um farsante chamado Moreno. Não tenho dúvida de que meu pai teve certa culpa nesses casos. Mas o tempo é um santo remédio, e felizmente nos últimos anos se vê muita integração entre as duas sociedades.

Enquanto na década de 1950 o psicodrama e a sociometria estavam sob tensão nos Estados Unidos, a Europa era solo fértil. Moreno, por natureza, não era um bom viajante, mas minha mãe, Zerka Moreno, era um gênio em organização e facilitou sua volta ao continente numa série de viagens movimentadas. Para sua alegria, Moreno descobriu que suas ideias eram saudadas com curiosidade e entusiasmo por seus colegas europeus, que trabalharam duro no ambiente pós-guerra com complexos problemas sociopsicológicos. Lá ele foi recepcionado como uma espécie de herói e filho que à casa torna, ocupando seu lugar como líder do movimento internacional de psicoterapia de grupo. Como fundador da Associação Internacional de Psicoterapia de Grupo, ele também promoveu a reaproximação com a AGPA em casa.

Portanto, foi na Europa que Moreno foi mais reconhecido enquanto envelhecia. A Universidade de Barcelona lhe concedeu um doutorado *honoris causa* em 1968, e a Universidade de Viena lhe concedeu seu diploma de *"golden doctor"* pelos 50 anos de serviços — ele recebeu seu diploma de médico em 1917. Em 1968, foi realizada uma cerimônia em Bad Vöslau, arredores de Viena, seu lar de 1917 a 1925, ocasião em que se colocou uma placa na casa em que viveu como médico municipal. Como consta da placa, lá ele aproveitou seu período criativo mais rico e desenvolveu as ideias básicas para o psicodrama, a sociometria e a psicoterapia de grupo. Era comum que os jornais locais festejassem sua visita à cidade como a de um famoso dignatário — um jornal de Amsterdã o chamou de "Freud da psico-terapia de grupo", numa manchete durante o Congresso Internacional de Psicodrama de 1971.

Hoje em dia, a atividade psicodramática na Europa é vibrante. O psicodrama psicanalítico é uma força importante na França, e meia dúzia de institutos de psicodrama atua na Alemanha Ocidental, bem como na Escandinávia, na Inglaterra e no resto do continente. Na Europa Oriental, o psicodrama também é praticado regularmente. As ideias de Moreno penetraram ainda no hemisfério sul, em especial na América do Sul, onde grandes sociedades de psicodrama têm surgido.

Mas, em casa, o reconhecimento foi esporádico. No final dos anos 1950, Alexander King publicou suas memórias, enfocando sua luta contra o uso de drogas em decorrência de uma doença nos rins e dizendo coisas gloriosas sobre seu tratamento sob os cuidados de Moreno no hospital de Beacon. Em 1962, John Kobler escreveu um artigo para o *Saturday Evening Post* que chamou a atenção inusitada da mídia para o psicodrama e para Moreno. Mas os anos 1960 foram cada vez mais caracterizados pela preocupação com o novo movimento. Em *Please touch*, Jane Howard apresentou uma história curta, um tanto cáustica, na qual ela descrevia Moreno em termos desfavoráveis. Foi uma experiência típica daquele período, no qual ele assistiu à canibalização de várias de suas ideias com muita ambivalência.

Ainda assim, Moreno insistia na sua prioridade, e não sem resultados. Embora ele e Fritz Perls, que havia sido um devoto das sessões de psicodrama em Nova York, tenham discutido abertamente, Perls, sem se referir explicitamente a Moreno, reconheceu sua dívida ao "psicodrama" em suas memórias, *Escarafunchando Fritz – Dentro e fora da lata de lixo*. Por um lado bem diferente, Viktor Frankl percebeu que o *insight* profundo que levava à logoterapia apareceu numa sessão de psicodrama que estava conduzindo. Os elogios costumavam vir em forma sincera de lisonja, como no caso da terapia do "grito primal" de Ivan Janov. Os psicodramatistas haviam praticado durante anos a técnica de regressão com seus pacientes, mas não excluindo nenhuma outra intervenção, como foi o caso da terapia primal. Janov, entretanto, se considerava um crítico do psicodrama.

Retrospectivamente, talvez tenha sido bom que o psicodrama não tenha sido identificado com o período do "grupo de sensitividade e do encontro", que sofreu com alguns excessos muito propagados. O psicodrama por si só já provocava enorme desconfiança. Entretanto, retinha seu lugar em contextos clínicos, posições nas quais as modalidades "abrir-se" e "crescer" não podiam criar raízes — e sem as quais elas poderiam ser apenas ilusões passageiras da cultura dos anos 1960.

Assim, a força do gênio criativo de Moreno foi tal que suas ideias penetravam na sociedade, apesar de sua reputação permanecer marginalizada, em geral apreciada por aqueles que estavam mais bem informados a seu respeito. Sua resistência ao conservadorismo trabalhava contra ele, acredito, de duas maneiras fundamentais. Primeiro, ele se recusava a procurar a publicação comercial de seus livros, assegurando que só aqueles já dispostos a seguir suas ideias se dariam ao trabalho de ficar expostos a elas. Em segundo lugar, ele dispensava a associação com uma universidade importante, tendo em consequência o surgimento de alunos influentes que perpetuariam seu trabalho na academia.

Ofereço essas ideias como esclarecimentos, não como críticas. Comparadas com a visão de Moreno, quaisquer discussões de táticas são triviais. Estou muito próximo deste texto para saber se essas visões brilham tanto quanto deveriam, como acontece cada vez que um psicodramatista experiente as revive numa sessão, ou quando um sociometrista expõe a realidade social escondida para um grupo. Afinal, estas palavras foram compostas por um homem no fim da sua vida, cheio de nostalgia e sentimentalismo. Podem ser confiáveis?

Já mencionei meu papel em nosso lar como o crítico mais íntimo de meu pai. Era seu destino ter um filho que zombasse de seus aparentes exageros. Ele levava a sério os conselhos cautelosos de um menino de 8 anos, apesar do que esse grande homem havia feito e passado. Não é de admirar, pois, que, mesmo quando leio suas memórias com prazer, após sua morte, ainda sinta algum ceticismo sobre determinados momentos relatados de forma mais dramática. Numa única visita memorável a Vöslau, seu lar espiritual, em 1984, minhas ideias mudaram muito. Visitei Vöslau com Grete Leutz, uma das mais queridas alunas de meu pai, descrita nestas memórias. Enquanto estávamos lá, perguntamos sobre o paradeiro de Marianne, a companheira mais chegada de Moreno naqueles primeiros anos. A resposta foi que ela falecera seis meses antes, mas, para nossa alegria, sua irmã mais nova ainda vivia. Combinamos um encontro.

Num dia quente de verão, durante várias horas, nos arredores de Viena, fui levado a uma viagem de volta à era romântica e colorida que meu pai descreve nos primeiros capítulos de sua autobiografia. Uma senhora ativa de rosto redondo, em seus 70 e tantos anos, nos regalou com histórias sobre essa época, falando-nos sobre o *Wunderdoktor*[2], que tratava dos camponeses pelo preço que pudessem pagar e contava histórias de fadas às crianças. "A senhora conheceu amigos do meu pai", perguntei, "como Peter Altenberg, o poeta?" "Oh, sim", respondeu. Ela conhecia todos. Ele ia para Viena duas vezes por semana para os bares ou para dirigir o teatro da espontaneidade, e ao voltar encontrava pessoas em sua porta, vindas de quilômetros de distância, esperando por um exame médico. Ela disse que ele teve o primeiro aparelho de raios X da região, mantido ainda no sótão porque seu irmão o ajudara a operar a máquina. Foi com o irmão dela que Moreno criou o radiofilme, a invenção que levou ambos para os Estados Unidos. Ela até nos mostrou fotos de meu pai que nunca tínhamos visto antes. Para um filho que não conhecera o pai na juventude, essa foi uma ocasião extraordinária.

Mas um caso em particular deve ser mencionado. Ele era famoso por sua excentricidade, contou ela. Certa vez, quando estava

---

2. Médico milagroso. [N.T.]

com alguns amigos em um bar, alguém em outra mesa disse, como os vienenses ainda fazem para enfatizar, "meu Deus!" Ao que Moreno ergueu-se, olhou em volta e gritou: "Alguém Me chamou?" Fiel ao seu projeto, ele estava sempre pronto para substituir Deus quando parecesse necessário, e todos aceitavam esse "fazendo o papel de Deus" como sincero, mas com certo divertimento.

A emocionante experiência em Vöslau transformou minha atitude para com as lembranças de meu pai. Não são só devaneios românticos, mas considerações definidas e sábias sobre tempos e pessoas extraordinárias. Não é de admirar que a exortação favorita de Moreno num grupo psicodramático era para que todos "entrassem em ação", porque ele vivia em meio a uma roda-viva que deixava quase todos nós sem fôlego.

Há alguns anos, em sua autobiografia, Elisabeth Bergner, talvez a maior atriz do palco e do cinema alemão, relembrou seu professor particular da infância, um moço que a introduzira no jogo espontâneo e lhe dera vida como artista. Ela era fascinada pela sua barba.

> Naqueles dias, somente homens muito velhos usavam barba. Meu pai tinha bigode. Moreno usava uma barba como Cristo, como percebi mais tarde. Ele era alto e magro, tinha lindos olhos azuis dominadores que sempre sorriam e cabelos escuros. Acho que era maravilhosamente bonito. Ainda acho isso agora. O mais fascinante era seu sorriso. Era uma mistura de caçoada e bondade. Era amoroso e divertido. Era indescritível.

Para muita gente, Moreno parecia já ter nascido um velho sábio, mas em seus últimos anos ele reassumiu a megalomania, parte tão essencial de seu ser. Não que ele estivesse se tornando mais sábio: mas, no verdadeiro espírito da sabedoria, ele aprendera com o envelhecimento o que não pôde aprender na juventude. Para Moreno, o *Godplayer* aprendeu tarde na vida quão grande era sua dívida para com os outros, que os *Godplayers* dependem de egos-auxiliares não menos que Deus. Já em sua octogésima década, Moreno demonstrava uma coragem e uma honestidade intelectual que davam à sua vida de trabalho nova pungência e significado.

Em seu leito de morte, meu pai não estava como Moisés, sozinho na montanha, mas como um pioneiro rodeado por seus mais devotados companheiros. E ele não aguardou a morte, pois colocou o processo em andamento ao recusar-se a comer. A morte de Moreno foi o que Nietzsche chamou de uma "morte livre", que chegou na hora certa e dessa forma confirmou a vida que ele tanto amava. Quando morria, retornou ao seu alemão. Talvez estivesse se lembrando das crianças nos jardins de Viena que lhe ensinaram o jogo de papéis, ou do pequeno profeta que descobrira em Bucareste 80 anos antes. Quando Moreno foi para Deus, foi como um velho amigo.

JONATHAN D. MORENO

INTRODUÇÃO

Durante vários anos antes de sua morte, em 1974, J. L. Moreno preparou uma grande quantidade de material autobiográfico. Embora muito tenha sido escrito em estilo aforístico e permaneça inédito, o manuscrito de cerca de 500 páginas foi claramente previsto como uma autobiografia tradicional. Infelizmente, esse trabalho carece da coerência que Moreno talvez lhe tivesse prestado se tivesse tido mais tempo e menos idade. Afora a redundância e a irrelevância, o manuscrito original está marcado por uma pronunciada concentração nos anos anteriores à sua emigração da Áustria para os Estados Unidos.

Apesar de o manuscrito inteiro conter essas limitações, ele parece, àqueles que têm a oportunidade de lê-lo, conter parcialmente um material de grande interesse histórico e filosófico. Embora grande parte do texto seja também charmosa e estimulante, potencialmente uma "boa leitura", como um todo ele não teria valor comercial.

Por isso, meu objetivo como editor foi o de reduzir o manuscrito a um documento menor, sem privar o leitor do prazer da leitura. Em termos de estilo, isso significou conter às vezes o desajeitado inglês germânico de Moreno, eliminando passagens redundantes. Onde palavras ou trechos foram eliminados aparecerão reticências entre colchetes. Esclarecimentos editoriais[3] no texto estão entre parênteses.

Tentei manter apenas aquelas passagens de maior interesse histórico, que tratam de assuntos não descritos previamente nos escritos de Moreno. São sobretudo exemplos de como os primeiros anos de

---

3. Assim como os esclarecimentos do tradutor. [N.T.]

Moreno puseram-no em contato com o extraordinário meio cultural e político da Europa Central nas primeiras duas décadas do século. Passagens históricas que foram mantidas também focalizam o desenvolvimento das ideias de Moreno, em parte por meio de sua educação e em parte por aspectos pessoais de sua vida.

Com referência a esta última, devo mencionar que a vida amorosa incrivelmente ativa de Moreno é um aspecto mais dominante no manuscrito original do que nesta versão. A maior parte desse material foi aqui eliminada principalmente por limitações de espaço e em parte porque, passando além de certo ponto, pouco acrescenta à mensagem. O que permanece se refere a relacionamentos que foram críticos para o desenvolvimento criativo de Moreno.

Muitos filósofos importantes sobressaíram por sua vida e por seus pensamentos. Qual seria a filosofia de Sócrates sem a história de sua vida e morte? Pode-se dizer que o gênero da autobiografia nasceu da visão de Augustine, exemplificado em suas *Confissões*. Nessa visão não se devem diferenciar muito fortemente grandes *insights* de grandes experiências. Observações similares se aplicam a Rousseau e Kierkegaard. Nietzsche, ainda que não seja estritamente um autobiógrafo, escreve de forma que torna transparentes as principais correntes de sua vida interior. Com seus escritos, Moreno faz parte dessa tradição, portanto este documento vale como uma parte legítima do corpo de seu trabalho.

Como acadêmico, gostaria de ver esses excertos estimularem outro projeto. Não existe nenhum estudo completo sobre a relação das ideias de Moreno com as dos seus contemporâneos em Viena e arredores. Entretanto, suas preocupações teológicas, científicas, existenciais e teatrais têm eco no trabalho de muitos outros. Pode-se dizer até que elas representam as linhas principais da cultura ocidental no século 20. Deixo a outro que prove essa afirmação.

JONATHAN D. MORENO
setembro de 1988

1. OS PRIMEIROS ANOS

Nos primeiros anos do século 20 apareceu um jovem que tentou ser Deus. O lugar era Viena, entre os anos de 1908 e 1914. Ele provocou uma forte impressão em seus contemporâneos. Tinha seus apóstolos, seu Evangelho, seus livros apócrifos. Os livros religiosos nos quais sua doutrina era exposta tinham reverberações profundas em todo o mundo intelectual. As guerras e revoluções cruéis pelas quais a humanidade vem passando desde então têm destruído ou dispersado a maioria das testemunhas originais, mas algumas delas ainda estão vivas, e eu sou uma delas.

O fato extraordinário não é a história de como um homem se torna Deus. Muitos tentaram e falharam. O extraordinário é que um registro cuidadoso dos acontecimentos internos e externos foi publicado por seu principal protagonista. E mais extraordinário ainda é que descreve não somente a transformação de um homem em Deus, mas também o reverso, a retransformação de Deus em homem. Revela como ele subiu a montanha e depois como a desceu, vendo-se em ambas as maneiras, sendo seu próprio guia. Por último, isso é extraordinário porque o homem que atravessou essa expedição cósmica estava "normal" todo o tempo e, contrariando as teorias psicológicas correntes, retornou incólume, tornou-se mais produtivo e mais capacitado a enfrentar as exigências da vida do que antes.

As pessoas se perguntam por que um homem que viveu no primeiro quarto do século 20, no coração da Europa, se tornaria vítima da aventura de *Godplaying*[4]. Não espantaria ninguém se fosse uma figura da Idade Média ou de outro período, quando a vida religiosa era extremamente respeitável. Mas essa era é de ateísmo e agnosticismo, de um orgulhoso senso de ausência de Deus. Que propósitos haveria para um homem talentoso, educado, envolver-se em tal empreitada absurda e bizarra?

Nasci (18 de maio de 1889) numa noite tempestuosa a bordo de uma embarcação que navegava o mar Negro, de Bósforos para Constantsa, na Romênia. Foi na madrugada do Sagrado *Shabat*, e o parto aconteceu pouco antes da primeira reza[5]. O fato de eu nascer no navio deveu-se a um erro honroso, e a desculpa foi a de que minha mãe tinha apenas 16 anos e era pouco experiente na matemática da gravidez. Ninguém sabia de onde era a bandeira do navio. Seria ele grego, turco, romeno ou espanhol? O anonimato da bandeira do navio deu início ao anonimato do meu nome e de minha cidadania. Quando irrompeu a Primeira Guerra Mundial, em 1914, ninguém sabia se eu era turco, grego, romeno, italiano ou espanhol, porque eu não tinha certidão de nascimento. Quando ofereci meus serviços à monarquia austro-húngara, em princípio não me aceitaram porque eu não tinha prova de nacionalidade. Nasci cidadão do mundo, um marinheiro viajando de um mar a outro, de um país a outro, destinado a desembarcar um dia no porto de Nova York. (O certificado de matrícula de Moreno, em 1914, na Universidade de Viena, mostra sua nacionalidade como turca, obedecendo à nacionalidade de seu pai, em vez do local de seu nascimento. Era o costume de então.)

Minha mãe nunca validou essa fantástica história do meu nascimento; ela fazia alguns comentários e modificações: "Era uma noite de tempestade. Era madrugada do Sagrado *Shabat*. Você estava viajan-

---

4. "Jogar o papel de Deus" — referência à dramatização de Moreno durante sua infância. [N.T.]

5. No *Shabat* há uma reza matinal entre duas rezas vespertinas. [N.T.]

do num navio, mas o navio era o meu corpo, que pariu você". Assim a história do meu nascimento passou ao domínio do mito.

Meus pais eram de descendência judaico-sefardita. Minha mãe, Pauline, era uma órfã que fora criada pelos dois irmãos mais velhos. Quando atingiu a adolescência, eles a colocaram na escola de um convento católico-romano porque não tinham a menor ideia de como cuidar de uma adolescente e porque naqueles tempos o único lugar em que uma menina podia ser educada era no convento. As freiras exerceram bastante pressão para que ela se convertesse ao cristianismo. Ela sentiu que podiam convertê-la se ficasse mais um ano no convento. Meus tios, com medo dessa possível conversão, arrumaram um casamento para ela aos 15 anos. Tais casamentos precoces não eram incomuns naquela época.

Minha mãe tinha uma atitude confusa e estranha para com a religião. Combinava elementos de sua criação judaica e de seus dias passados no convento. Também era supersticiosa, crente fervorosa na interpretação dos sonhos e na leitura da sorte. Ela costumava jogar tarô para os vizinhos, para os amigos e especialmente para os filhos. Ela previa o tempo, as guerras, os casamentos, os nascimentos, os divórcios e as mortes. Lia a sorte nos grãos de café e nas folhas de chá. Lia mãos e nos ensinava a fazê-lo.

Cheia de ideias e sonhos, grande contadora de histórias, minha mãe era versada em idiomas, falando alemão, espanhol, francês e, naturalmente, romeno. Mas nunca aprendeu a falar bem o inglês. Por sorte, o juiz de imigração foi compreensivo quando ela solicitou a cidadania americana já aos 70 anos. Caso contrário, seu grande temor de não conseguir naturalização americana teria se realizado.

Onde quer que ela fosse, minha mãe era muito popular. Espírito amistoso, conversava com estranhos e eles correspondiam. Tinha senso de humor e, sempre que a vida ficava muito complicada, ela dizia: "*Was kann man machen? Umdrehen und lachen*" (O que se pode fazer? Dê a volta e ria). Adorava fofocas e contava histórias. Era ingênua e delicada, bem-humorada e maternal, sempre parecendo mais jovem do que era.

Tinha bom ouvido para música. Gostava de cantar em todas as línguas que sabia. Ainda me recordo da cantiga de ninar que ela nos cantava. Era um diálogo entre um homem e um bosque.

Homem
Ce te legeni codrule
fárá ploie fárá vant
Cu cránjenile Ia pâmánt.

Homem
Por que você balança de um lado a
outro, arvorezinha?
Não está chovendo. Nem ventando.
Com seus ramos caindo, caindo para
o chão.

Árvores
De ce nu mas lejána
data trece vremea mia

Árvores
Por que não devo balançar?
Meu tempo está passando.

Ziu scade moaptea creste
Si frunzisul mil ráreste.

Os dias ficam cada vez mais curtos.
As noites, mais longas.
E minhas folhas caem ao chão.
Logo nada restará para mim.
Meus ramos estarão secos.

A letra era de um grande poeta e autor teatral, Eminescu.

Meu pai, Nissim Moreno Levy, era um homem esbelto de mais ou menos 1,70m. Era sério e retraído, dono absoluto da casa, um pai amoroso e afetuoso. Um tanto irregular em seus hábitos, namorador, ele ia e vinha a seu gosto. Também era muito bom para iniciar negócios e falir. Ele e minha mãe finalmente se separaram de vez quando eu tinha uns 14 anos. A separação deu-se sem nenhum conflito, sem a formalidade de uma separação legal nem divórcio. Pareceu ter apenas se afastado. Vim a saber que, na velhice em Istambul, ele se casou pelo menos mais uma vez, mas também pode ter sido mais duas ou três vezes. Talvez tenha tido mais filhos. Não temos certeza de nada. Lá, as leis a esse respeito eram mais liberais.

Meus primeiros cinco anos passei-os em Bucareste, Romênia. Moramos numa casinha perto do rio Danúbio. A Romênia é principalmente uma nação agrícola. Seu milho é famoso — o melhor que já comi. O país é relativamente plano, tornando-se montanhoso perto da fronteira húngara. O rio Danúbio atravessa a Romênia a caminho do mar Negro; o delta do Danúbio é responsável pela riqueza agrícola desse país.

Bucareste era frequentemente chamada de Pequena Paris porque a influência francesa era muito forte. Todos os romenos cultos falavam francês. A moda e a cultura de Paris eram imensamente importantes em Bucareste. Como Paris, a cidade tem amplos bulevares.

Passei, pois, esses primeiros anos num meio cultural estranho: a civilização de Paris e a mentalidade camponesa quase analfabeta, a fermentação cultural de uma cidade encravada em um grande império e o provincianismo de uma agricultura primitiva. Cresci entre essas contradições.

Com 1 ano de idade, fui acometido de uma grave e longa doença: o raquitismo, a "doença inglesa". Não tinha apetite. Perdi peso. Minhas pernas e pés se deformaram. Não podia andar. Fui levado de um médico a outro, mas nenhum dos seus remédios adiantava. Ninguém sabia como me ajudar. Eu estava definhando.

Certo dia, minha mãe estava me deitando em nosso quintal quando passou uma velha cigana. Ela parou ao ver o meu estado. Perguntou à minha mãe: "O que há com o pequenino?" Minha mãe chorou e contou minha história. A cigana balançou a cabeça e apontou para mim com o ossudo dedo indicador. "O dia virá", parecia estar olhando para o futuro, "quando ele será um grande homem. Gente do mundo inteiro virá vê-lo. Ele será um homem sábio e bondoso. Não chores."

"Mas meu filho está tão doente", respondeu minha mãe.

"Ele vai sarar", disse a velha cigana. "Faça o que lhe digo. Compre uma caixa grande de areia e espalhe a areia no quintal. Ao meio-dia, quando o sol brilhar forte, coloque o bebê na areia e o sol vai curá-lo de sua doença."

Minha mãe seguiu as instruções da velha cigana. Alguns meses depois eu estava curado, apesar de meus dentes ainda mostrarem sinais de raquitismo.

No outono, quando as folhas começaram a cair, eu estava de novo com minha mãe no quintal, andando, falando e brincando. A cigana voltou. Parou e olhou para mim, seu rosto brilhando de alegria. Parte de sua profecia já se realizara [...].

Entre as minhas mais antigas lembranças — com a idade de 2 anos — está minha primeira luta com um animal. Eu estava resistindo ao ataque de um cão que queria me morder. Minha avó era a única espectadora. Estava sentada numa cadeira no quintal, costurando, quando o animal apareceu. Desamparada e com câncer, ela não podia vir em minha ajuda. Acabei ficando com uma grande mordida na mão e aversão, durante a vida toda, a animais. Prefiro seres humanos.

Pouco depois, tive meu primeiro encontro com a morte. Minha avó definhava rapidamente, morrendo por fim do câncer que a tornara tão doente e frágil. Ela estava estirada em seu leito de morte, duas velas altas acesas em cada lado da cabeceira da cama [...].

Nessa ocasião, irrompeu um incêndio do outro lado da rua. Houve uma explosão. Os bombeiros chegaram correndo. Uma mulher morreu queimada. A morte de minha avó e o incêndio estão, pois, ligados em minha mente. Lembro-me de que enfrentei a morte de minha avó sem medo. Mas minha aversão ao fogo se iguala à aversão aos cães. Existem outras lembranças desse mesmo período. Minha tia Bulissa, a irmã mais velha de meu pai, morava na mesma rua que nós. Tinha uma casa com varanda. Uma de minhas primas estava noiva. Ela e o noivo sentavam-se no jardim, de mãos dadas e trocando beijos. Eles, por assim dizer, exibiam-se para que a cidade toda visse que estavam noivos. Nada era escondido. Tudo bem aberto, a exibição de uma experiência bem pessoal. Era bem diferente de como se faz nos Estados Unidos. Amigos e vizinhos faziam visitas e traziam flores e presentes. Essa demonstração de intenções demorava várias semanas ou o tempo que fosse necessário para anunciar o noivado. Minha prima era jovem e linda, seu noivo igualmente atraente.

Durante minha infância, fazíamos refeições festivas nos feriados e nas reuniões familiares. Um grande número de pessoas mais idosas — para mim pareciam muito idosas — vinha a essas refeições. Como filho mais velho da família, esperava-se que eu fosse de convidado em convidado, fizesse uma reverência e beijasse a mão das senhoras antes de me sentar para comer.

Quando emigrei para os Estados Unidos, como se por instinto cavalheiresco, levei comigo o costume de beijar a mão das senhoras. Acredito até que meu sucesso dependeu muito do número de mãos que beijei e do apreço que as mulheres sentiam quando eu beijava suas mãos. Era tão europeu. Era uma delicada mensagem do continente para o novo país [...].

Com 4 anos de idade, passei a frequentar uma escola bíblica sefardita. Frequentei-a durante vários meses. O diretor da escola era o rabino Bigireanu. Fui apresentado à Bíblia, ao livro do Gênese, que começa com as palavras *"Brayshith Boro Elohim es Hashomaim ves Hoorets"*[6] (No princípio Deus criou o céu e a terra). Provavelmente foi lá que aprendi a ler — em hebraico.

Naquele tempo, não havia banheiro em nenhuma casa. Tínhamos uma privada no quintal. Piroshka, nossa criada húngara, me levava ao vaso em intervalos regulares e me fez conhecer os mistérios de urinar e defecar. Fazia muito frio. Havia neve no chão.

Eu via Piroshka como um guru de um animismo místico. Ela me explicou que a urina vai para a água, para o rio, para o lago.

---

6. Essas palavras são transliteradas e pronunciadas em hebraico antigo, quando Moreno começou seus estudos religiosos. São as sete palavras iniciais do primeiro livro do Gênese do Antigo Testamento. [N. T.]

As fezes vão para o solo, para dentro da terra e para as colinas em redor. Senti profundo respeito, não somente por ela, mas pelos acontecimentos cósmicos primitivos e por meu lugar no Universo.

Então meu fascínio pela ideia de Deus começou na mais tenra infância. A "pessoa" mais famosa do Universo era Deus, e eu gostava de estar ligado a Ele. A primeira sessão psicodramática aconteceu quando atuei como Deus, aos 4 anos de idade, em certo dia de 1894.

Num domingo à tarde, meus pais saíram para visitar uns amigos. Fiquei em casa para brincar com os filhos de vizinhos. Estávamos no porão de casa, um salão grande, vazio, exceto por uma grande mesa de carvalho no centro. Tentando pensar num jogo para brincar, falei: "Vamos brincar de Deus e Seus anjos".

"Quem vai fazer o papel de Deus?"

"Eu sou Deus e vocês são meus anjos", respondi. As outras crianças concordaram.

"Precisamos construir primeiro o céu", disse uma delas. Fomos buscar cadeiras por toda a casa, colocando-as sobre a mesa grande, e começamos a edificar um céu sobre o outro, amarrando diversas cadeiras juntas num nível e colocando mais cadeiras sobre elas até alcançarmos o teto. Daí, todas as crianças me ajudaram a subir até a cadeira mais alta, onde me sentei brilhantemente. As crianças ficaram em círculo ao redor da mesa, abanando os braços como asas, cantando. Uma ou duas das crianças mais altas seguravam a montanha de cadeiras que tínhamos juntado. De repente, alguém me perguntou: "Por que você não voa?" Estendi os braços, tentando fazê-lo. Os anjos que estavam segurando as cadeiras voaram para trás também. Um instante depois, caí e me vi no chão com o braço direito quebrado.

O psicodrama do Deus caído. Essa foi, pelo que me lembro, a primeira sessão psicodramática "particular" que conduzi. Fui ao mesmo tempo o diretor e o protagonista. Sempre me perguntam o porquê da forma do palco psicodramático. A primeira inspiração pode bem ter vindo dessa experiência pessoal. Os céus em direção ao teto podem ter calçado minha ideia de muitos níveis de palco psicodramático, da sua dimensão vertical: o primeiro nível, o nível da concepção; o segundo, o nível do desenvolvimento; o terceiro, o nível da conclusão e da ação; o quarto, o balcão, o nível dos "superegos", dos messias e dos heróis. Meu aquecimento para o difícil "papel" de Deus pode ter antecipado o processo de aquecimento da ação espontânea do papel no palco do psicodrama. O fato de ter caído quando as crianças pararam de segurar as cadeiras pode ter me ensinado a lição de que mesmo o mais alto é dependente dos outros, os "egos--auxiliares", e que o paciente-ator precisa deles para atuar de forma adequada. E aos poucos fui aprendendo que outras crianças também gostam de fazer o papel de Deus [...].

Minha vida amorosa foi bem intensa. Amei muito e fui também bastante amado. Pelo que me lembro, nunca cometi um estupro, apesar de ter sido violentado pelo menos uma vez.

Eu tinha uns 4 ou 5 anos. Piroshka, nossa criada húngara, estava com uns 15 anos de idade. Ela já era uma mulher. Tentou fazer amor comigo de forma intensamente física, como talvez tivessem feito com ela. Ela aguçou minha curiosidade e eu não opus resistência. Como poderia? Naquele tempo eu não tinha noção do que era sedução ou violação, mas anos mais tarde compreendi que certamente não foi por consentimento. Foi um impulso poderoso da parte dela; ela se sentiu atraída por mim, ou talvez apenas gostasse de brincar com menininhos tendo como alvo os garotos maiores. Também, como vim a saber mais tarde, era costume entre os camponeses dos Bálcãs iniciar relações sexuais com crianças bem cedo na vida. O que em nossa cultura é considerado patológico — incesto entre irmão e irmã, pai e filho[7] — era um padrão normal naqueles tempos e com aquela gente.

Piroshka me excitou. Condicionou-me bem cedo a me tornar um amante. Ainda me lembro muito bem da primeira vez. Vejo-a ante mim, nua, olhos azuis, loura, espreguiçando-se numa variedade

---

7. No original, no gênero neutro. [N.T.]

de posições de coito. Ela ficou com nossa família quase um ano, e todo esse tempo fazia amor comigo em todas as oportunidades [...].

(Quando tinha 6 ou 7 anos, Moreno mudou-se com sua família de Bucareste para Viena.)

Uma das lembranças mais claras de minha infância pode ser rememorada na idade de 6 anos. Certa vez, no meio da noite, fui para a cozinha junto com um de meus irmãos menores. Minha mãe havia preparado massa para um bolo grande e a deixou assentar durante a noite. Ele e eu trabalhamos em silêncio no escuro e voltamos depois para a cama. Quando minha mãe acordou e foi à cozinha de manhã, deve ter ficado horrorizada ao notar o desaparecimento da massa. Em seu lugar havia figuras de pessoas, animais e objetos sobre a mesa e o chão, na pia e no peitoril da janela. Deve ter tido muito trabalho desfazendo as figuras e refazendo a massa. Quando nos levantamos, mal podíamos acreditar quando vimos o bolo sobre a mesa.

A moral da história é que os grandes homens começam a escrever seus grandes livros ainda no berço, logo que aprendem a andar e a falar. Eu criei o mundo e escrevi *As palavras do pai* na massa, antes de escrevê-las com tinta [...].

Minha mãe adaptou-se rapidamente à vida em Viena. Seu talento para idiomas e sua natureza gregária fizeram-na ajustar-se à vida vienense em apenas dois anos.

Meu pai, entretanto, nunca dominou completamente o alemão. Como caixeiro-viajante, ele não permanecia num lugar tempo suficiente para aprender bem determinada língua. Ele jamais aprendeu a aceitar os costumes austríacos [...]. A transformação da nossa família em vienense foi muito revolucionária para ele. Não conseguia aceitá-la muito bem. Permanecia fiel ao seu passado romeno-sefardita [...].

Nossa transformação em vienenses, porém, nunca foi completa. Éramos mais uma das típicas famílias marginalizadas de origem judaica que sobreviviam desenvolvendo fortes laços familiares. Por falar nisso, nós éramos, em Viena, até quase o momento de eu partir para os Estados Unidos, considerados estrangeiros ou refugiados.

No Império Austro-Húngaro daquele tempo, havia milhares de famílias como a nossa, que eram toleradas pelo governo enquanto levassem uma vida tranquila, em nada ameaçando a estabilidade da nação. Acrescente-se a isso que morávamos num ambiente de nacionalismo germânico agressivo, reforçado por um círculo eleitoral fortemente católico romano. Nossa família estava fora da corrente principal da vida austríaca em mais de um quesito.

As frequentes ausências do lar por parte de meu pai e sua eventual separação de nós criaram para mim, o primogênito, uma posição especial de autoridade muito cedo na vida. A figura central da família era sempre minha mãe, cuja devoção exemplar aos filhos não foi entretanto capaz de substituir a ausência da marcante liderança que em geral se espera do pai. Quando meu pai estava presente, mostrava-se forte e autoritário. Vem-me à lembrança, quando penso no lugar que meu pai ocupava na família, uma imagem do meu papel naquele meu passado remoto em Viena. Estávamos acostumados a fazer passeios com meu pai nas tardes de domingo. Nós, as crianças, caminhávamos em formação de dois em dois, menino-menina, menino-menina, menino-menina. Ele e minha mãe vinham no fim da procissão. Eu era encarregado, como cabeça da fila, de cuidar do tráfego na hora de atravessar a rua.

Naquele período havia também uma deterioração das observâncias religiosas entre os judeus, exceto nas famílias muito ortodoxas, em que as compulsões por rituais haviam substituído os sentimentos e a lealdade religiosos. Esse esvanecimento do sentimento religioso também foi característico em nossa família. Mas a tradição ainda era forte o bastante para manter a família unificada até as meninas chegarem à idade de se casar e os meninos serem capazes de ganhar a vida. Moramos em bairros mistos de judeus e não judeus, em Bucareste e em Viena, expostos a uma variedade de influências durante a infância. Os anos que minha mãe passara no convento ajudaram-nos a nos relacionar com as pessoas numa cultura católica tão agressiva como a da Áustria de minha juventude.

Embora em minha vida familiar não se cultivasse o desenvolvimento de uma inabalável identidade judaica, fiz o *bar mitzvá*[8] num templo sefardita em Viena. Tenho apenas uma vaga lembrança do evento e da inevitável instrução religiosa que deve tê-lo precedido. O *bar mitzvá* realizou-se num período relativamente calmo de minha adolescência, num intervalo antes da separação definitiva de meus pais. Ambos estavam presentes na cerimônia.

Nossa comida era realmente um laço importante com a antiga e mais estável vida nos Bálcãs. Minha avó paterna ensinara minha mãe a cozinhar os pratos típicos, como berinjela e *baklavá*. Prosseguimos comendo pratos dos Bálcãs enquanto crescíamos, e o jantar foi sempre uma experiência fundamental para nós [...].

Após um início bem-sucedido, os negócios de exportação de meu pai (em Viena) também fracassaram. Ele vendia mercadoria à Sérvia, à Romênia, à Bulgária e à Turquia. Às vezes chegava a lugares tão longínquos quanto Esmirna ou a Palestina. Mas ele tinha dificuldade com os pagamentos. Contratos escritos não eram somente uma raridade como os negociantes que os exigiam eram malvistos. Meu pai precisava passar períodos cada vez mais longos longe de casa, o que por sua vez o alienava de nós. Não demorou muito para que sua capacidade de sustentar a família diminuísse. Meus dois tios solteiros, Markus e Jancu, os irmãos mais velhos de minha mãe, intervieram e assumiram a responsabilidade por nosso sustento. Ambos eram ricos mercadores de grãos, muito devotados à minha mãe, a irmã caçula.

Meu pai passou a vir para Viena cada vez mais raramente, e por apenas alguns dias. Eu ficava do lado dele contra minha mãe e meus tios, apesar de não entender bem as razões que provocavam a rixa entre meus pais. Mas meus tios solteiros tiveram muito que ver com a briga em nossa família. Tio Markus e tio Jancu tinham três irmãs. Curiosamente, todos os três maridos haviam fracassado. Meus tios

---

8. Festa religiosa que celebra a maioridade religiosa do varão aos 13 anos, após a sua primeira leitura da Torá. [N.T.]

haviam escolhido os maridos das irmãs — era uma época em que os casamentos eram arranjados. Fazendo uma retrospectiva, parece que eles tinham desejado reter e dominar a afeição das irmãs, casando-as com homens incapazes de sustentá-las.

Numa de suas visitas, meu pai veio com a notícia de que seu irmão mais velho, médico em Istambul, falecera numa epidemia de cólera. Meu pai disse: "Quem sabe você devesse seguir o exemplo dele e ser médico". E foi isso que fiz [...].

Meu comportamento na escola era exemplar, e sempre fui o queridinho dos professores. Fui um menino muito bonzinho. Devido a minhas limitações linguísticas, sentia que devia ser *extremamente* bom; isso persistiu mesmo quando o meu alemão se tornou tão fluente como o dos nativos do país. Sempre que havia uma tarefa a fazer, o professor em geral me escolhia para dar cabo dela. Eu também era o encarregado de explicar os novos deveres aos outros alunos. Eu era o substituto do professor e me sentava na primeira fileira, para assim estar disponível quando ele necessitasse. Orgulhava-me muito do meu *status* na classe, o que os alemães chamam de *ein stolzer Knabe* (um garoto distinto). Mesmo assim, eu era popular entre as outras crianças, que pareciam aceitar a apreciar minha liderança e meu *status* superior.

Naqueles tempos, minha vida era muito regular e organizada. Terminada a aula, eu ia direto para casa, e fazia o que se esperava de mim. Contaram-me que fui um garoto bem feliz, embora nunca tenha sido uma criança "normal". Apesar de minha assiduidade às aulas e de meu extremo bom comportamento, eu era muito, mas muito ativo. Estava sempre no centro das atividades, nunca era um espectador.

Já me perguntaram se minha fascinação pelo jogo de crianças, tão central ao desenvolvimento de minha teoria de espontaneidade e criatividade, originou-se nas brincadeiras com meus cinco irmãos e irmãs menores. Na verdade, fiquei isolado deles durante toda a infância, encontrando-os somente nas rotinas normais de nossa vida familiar [...].

(Numa viagem com seu pai a Calaresi, no Danúbio, aos 11 anos, Moreno contraiu malária.) Depois que sarei completamente da malária, meu pai disse: "Vou levar você para Istambul de férias, para ver nossos parentes de lá". E foi assim que fiquei um tempo num harém.

Quando visitamos a propriedade (do tio-avô de meu pai), fui escoltado ao edifício do harém na parte de trás da casa principal. Lembro que atravessei um corredor muito escuro, no fim do qual havia uma luz. Dois homens me levaram para dentro. Meu pai, naturalmente, foi excluído. Os dois homens que me fizeram entrar eram eunucos, homens que haviam sido castrados. Eles eram estéreis, mas podiam ter ereção.

Quando o portão foi aberto, vi-me numa bela *piazza* com uma piscina bem no meio. Quarenta a 50 jovens banhavam-se e massageavam umas às outras. As garotas estavam nuas. Jamais vi tantas mulheres bonitas num lugar só: todas tinham pele clara, entre 15 e 21 anos de idade. As jovens me cumprimentaram de maneira muito amistosa. Levaram-me para conhecer o lugar e me abraçaram. Eu estava extremamente envergonhado. Havia outras crianças no harém, pois era lá que passavam sua infância. Então me apresentaram uma mulher mais velha, com mais de 30 anos, que parecia supervisionar ou dominar a situação. Ela era a esposa oficial do dono do harém. Todos a tratavam feito uma rainha.

O harém é uma instituição misteriosa para os ocidentais. Há muito folclore a seu respeito. Em essência, trata-se de um mecanismo social para cuidar do excedente de mulheres solteiras na sociedade. A mulher tinha de ser casada ou, como concubina, estar ligada a um lar. A mulher solteira podia morar no lar de um parente, mas seu *status* era de pobre, mesmo que morasse com uma pessoa rica. Pelas leis islâmicas, o homem podia ter até quatro esposas e quantas concubinas pudesse sustentar. Não havia prostitutas nas nações islâmicas.

As concubinas eram propriedade do dono do harém. Havia um bom mercado de compra e venda delas. As moças eram vendidas a dinheiro ou negociadas por ovelhas, tecidos ou qualquer outra mercadoria que interessasse ao vendedor e ao comprador. Era sempre possível a uma concubina comprar sua liberdade e fazer um casamento legal arranjado para ela — desde que conseguisse arrumar o dote.

De acordo com o regulamento, o dono do harém era obrigado a cuidar das mulheres enquanto vivessem. Elas prestavam serviços úteis a seus amos: teciam tapetes e fiavam, desenhavam, pintavam, costuravam, cozinhavam, limpavam; o trabalho era quase sempre pesado. Mas uma mulher do harém nunca perdia seu lar.

Somente o dono do harém tinha acesso às concubinas, apesar de ser costume em algumas nações islâmicas o anfitrião reparti-las com os visitantes. Os eunucos do harém que visitei copulavam livremente com as garotas. Com eles, é claro, não havia possibilidade de gravidez. Em geral, as mulheres tendiam a evitar a gravidez. Isso talvez explique por que havia tão poucas crianças no harém que visitei. As jovens estavam principalmente preocupadas em conservar sua juventude e beleza e pareciam ocupar grande parte do tempo tratando do corpo e do rosto, passando óleos e perfumes, massageando-se, banhando-se. As mulheres envelheciam depressa na Turquia e, quando chegavam aos 30 anos, tinham de ser extremamente cuidadosas com a aparência.

Enquanto eu estava em Istambul, arranjaram meu noivado com a filha de 9 meses de idade de um primo de meu pai. Foi tudo combinado antecipadamente, um ritual simples que nem consigo recordar. Lembro-me de que perguntei a meu pai se devia dar um presente ao bebê. A "noiva" recebeu um pedaço de bolo. Um vestido e alguns outros presentes foram enviados em meu nome. Tudo foi feito conforme os costumes prescritos. E claro que nunca cumpri a promessa. De qualquer maneira, o casamento entre crianças foi abolido quando

Atatürk[9] tomou o poder em 1923, quando também ele aboliu os haréns e o concubinato [...].

Cresci com ares independentes; dificilmente obedecia e era egocêntrico, ultrapassando rapidamente a órbita familiar. Um filho nunca pode pagar à sua mãe o que ela fez por ele em seus primeiros anos de vida. O filho nunca se lembra disso; tudo fica na memória da mãe. Além disso, um filho sai do ventre da mãe para o mundo. As mães não enxergam isso. Aliás, elas temem isso. Para elas, o filho é sempre pequenino; mas ele cresce e vai embora, para o mundo, para nunca mais voltar. Minha mãe costumava dizer-nos, meio sorrindo, meio tristonha: "Quando vocês eram pequeninos e muito levados, eu podia dar-lhes uns tapinhas no bumbum que isso resolvia. Mas, agora, o que posso fazer? Se eu nascesse de novo, nunca voltaria como mãe. *Lieber ein Hund*" (Melhor voltar como um cachorro). Era isso que ela me dizia quando, muitas vezes, esperava que eu fosse vê-la, e muitas vezes eu deixava de ir. Quando eu finalmente chegava, ela já estava cansada de esperar e dizia: "*Lieber ein Hund*".

Quando eu tinha 13 anos, meu tio Markus casou-se. Tio Jancu, porém, era um solteirão convicto. Penso que jamais na vida teve algum contato íntimo com uma mulher. Jancu era ligado à minha mãe e, por causa disso, também muito dedicado a mim. Em vista de meus projetos, sempre me chamava de "doutor". Jancu estava sempre solitário, sobretudo depois que seu irmão se casou. Veio para Viena e me convidou para uma viagem ao redor do mundo. Estava todo orgulhoso de viajar comigo, de ser visto comigo, seu brilhante sobrinho. Ele tinha certeza de que um dia eu surpreenderia o mundo com minha argúcia.

---

9. Fundador da República da Turquia, Mustafa Kemal Atatürk (1881-1938) é considerado o grande modernizador do país, tendo realizado inúmeras reformas econômicas, políticas, sociais e culturais. [N. E.]

Nossa viagem "ao redor do mundo" nos levou de Viena para Graz, Fiume, Ilhas Brioni[10], Trieste, Veneza, Milão, Florença, Roma, Nápoles. Viajamos de trem e de navio.

Jancu me achou muito idealista e nada prático, com bem pouco respeito pelas coisas materiais da vida e pela necessidade de obtê-las. Ele me apontou o dedo e me admoestou: "*Gelt regiert die Welt* (O dinheiro rege o mundo), é bom que se lembre sempre disso". Ri na cara dele. Ele se preocupava porque eu não compartilhava de sua filosofia sobre o dinheiro. Mostrou-me que ele tinha de pagar as contas do hotel e as passagens e que tudo tinha um preço. Mas, apesar de seus esforços para me ensinar a importância do dinheiro, eu ria mais e mais. Eu achava que conseguiria me virar sem ele [...].

Em Florença, ficamos no Albergo del Porta Rosa. Quem não conhece Florença não pode imaginar como ela é. Não se pode saber se as estátuas nas calçadas e esquinas são gente ou não. É uma cidade criada por Deus para Seu próprio prazer.

Conheci Pia, assim como conhecera as estátuas e outras grandes formas de arte em Florença, certo dia na recepção do hotel. Ficamos amigos sob o pretexto de que ela estava me ensinando italiano. Era uma lindíssima garota de uns 15 anos.

Nosso relacionamento foi inteiramente inocente. Ela era uma jovem muito virtuosa. Acho que nem cheguei a beijar sua mão.

Mas Pia fez algo completamente não italiano e impróprio, em especial naqueles dias. Ela saía escondida de casa e ia me visitar no hotel. Às vezes ela temia que seu pai descobrisse o que estava fazendo, mas não me lembro de isso ter acontecido.

Meu tio estava ansioso por continuar viajando, sempre viajando. Não conseguia entender por que eu me encantara tanto com Florença. Achei que era a cidade mais bela do mundo, e Pia, a garota mais bonita. Tínhamos um maravilhoso e terno sentimento um pelo outro.

---

10. Graz é hoje a segunda maior cidade da Áustria; Fiume, conhecida como Rijeka, fica na Croácia, bem como as ilhas Brioni. [N. E.]

Mas voltemos a Florença! [...]

Meu relacionamento com meu nome tornou-se curioso a partir daquela época. Meu nome bíblico era Jacob. Meu nome leigo era Jacques. Quando meu comportamento ficou estranho, no começo da adolescência, e eu me afastei cada vez mais de minha família, também passei a afastar-me de meu nome, isto é, do meu primeiro nome. Eu parecia estar procurando uma nova identidade e, talvez, um novo nome, que combinasse melhor com meu novo *status*, essa nova identidade. Conhecer o primeiro nome de uma pessoa e chamá-la por ele é um sinal de intimidade, sugerindo proximidade, igualdade de *status*, como se fôssemos, digamos assim, do mesmo clã. E por isso eu não queria ser chamado pelo meu primeiro nome, apesar de agir com certa arrogância ao continuar chamando as pessoas ao meu redor por seu primeiro nome. Eu falava com Vitória, Roberto, Hans, William, mas, em função de meu ar proibitivo, virtuoso, eles hesitavam em iniciar qualquer conversa comigo e passaram a não dizer meu primeiro nome quando eram forçados a dirigir-se a mim. Em vez de dizer "*Jacques, was willst du?*" (Jacques, o que é que você quer?), tiravam o "Jacques" e diziam: "*Willst du etvas?*" (Você quer alguma coisa?)" Nunca cheguei a pedir diretamente "Por favor, não me chame pelo meu primeiro nome", mas aos poucos as pessoas perceberam meu ponto de vista, não me chamando mais por esse nome.

Existe um profundo significado psicológico no uso ou não de nomes. Na religião mosaica (Moreno usa a expressão para se referir ao judaísmo, como era comum em sua infância na Europa Central), o nome de Deus não devia ser usado, aparentemente a fim de manter uma distância majestosa entre o Deus Divindade e o homem comum. No processo de tornar-me um profeta, eu esperava que as pessoas assumissem para comigo o mesmo tipo de atitude que deveriam ter com a Divindade — não conhecendo meu nome e, se o conhecessem, não me chamando por ele. Isso me dava uma aura misteriosa e me ajudava a manter a distância adequada dos outros. Além disso, saber o nome de um homem significa ter poder sobre ele. Sempre usamos um nome para designar um indivíduo concreto, na ausência dessa pessoa. Ao usar seu nome, estamos na verdade possuindo-o. Eu não queria ser possuído por ninguém. Queria ser livre de todas as correntes, fossem espirituais, morais, psicológicas, nominais. Portanto, não queria meu nome nos lábios de qualquer um quando eu não estava presente. E, quando eu estava presente, não havia necessidade de me chamarem pelo nome. Essa foi a fonte da qual surgiu minha ideia de anonimato, anonimato da Divindade, anonimato do "Eu" e da falta de nome das coisas. Parecia-me que um nome era um substituto, uma presentificação de alguém que não estava presente. A presença absoluta de Deus faz de sua falta de nome uma consequência lógica. Aquele que está sempre presente não precisa de nome. Creio que desejava assumir as prerrogativas da Divindade no que se refere à ausência do meu nome [...].

Quando eu estava com 14 anos, meu pai sofreu diversos reveses nos negócios, e sempre meus tios intervinham para tirá-lo de encrencas. Meus tios Markus e Jancu tornavam-se mais e mais integrados ao nosso sociograma familiar. Quanto mais envolvidos ficavam nos assuntos de nossa família, maior se tornava a distância entre meus pais.

A última grande tentativa de meu pai para manter a família intacta e para recuperar sua posição de provedor e cabeça da casa foi mudar-se de Viena para Berlim (provavelmente em 1903 ou 1904). Imagino que a ideia de ir para mais longe ainda, isto é, para os Estados Unidos, já estava apontando em sua cabeça quando nossa família chegou a Berlim. É um testemunho da devoção que meu pai tinha por mim, seu desejo de ajudar-me a desenvolver meus talentos e de me dar toda possibilidade concebível de continuar os estudos. Tanto é que contratou um professor para ensinar-me latim e me preparar para o exame necessário para entrar na quarta série do ensino fundamental de Berlim. Era um grande sacrifício porque ele tinha pouco dinheiro. Sinal do quanto ele acreditava em minha capacidade [...].

(Após três semanas em Berlim, Moreno e seus pais concordaram que ele devia voltar para Viena. Não se sentia bem em Berlim e achou que podia sustentar-se em Viena trabalhando como tutor.) Voltei a Viena sem nenhum arranjo prévio, apenas com alguns trocados no bolso. Aluguei um quarto na casa de uma família, não muito longe da escola. Era um quarto, anormalmente grande, sem janelas. O apartamento pertencia ao sr. e à sra. Hindler. Cobravam-me muito pouco de aluguel e me pediram que eu fosse tutor de suas duas filhas, uma de 9 e outra de 11 anos, para compensar o aluguel barato que eu lhes pagava. Os Hindler trabalhavam o dia inteiro, de modo que eu ficava sozinho com as meninas quando elas voltavam da escola, ao meio-dia. Bem, para encurtar a história, comecei a fazer amor com as meninas, primeiro com a mais nova. Ela parecia gostar. Guiava-me com suas mãozinhas, assim nossa união sexual era fácil, apesar de ela ser virgem. A irmã maior também acabou se envolvendo no jogo de amor, mas ela não era virgem, portanto não havia problema em fazer amor com ela. Durante várias semanas, minha vida foi bastante quente.

Minha fase de professor particular foi um sucesso. Logo consegui mais clientes ricos. Fazia duas refeições por dia em cada casa, o chá às 17h e o jantar às 19h. Também recebia 10 florins em dinheiro por aula [...].

Assim, pois, meu instinto de sair de Berlim foi bem fundado. Meu pai não teve sorte lá. Como acontecera tantas vezes antes, de início foi muito bem-sucedido. O negócio era uma sociedade com um fabricante de caixões e mortalhas, além de ícones e outros adereços para os ritos ortodoxos gregos, que eram exportados para os países balcânicos e para o Oriente Próximo, onde quer que houvesse cristãos ortodoxos. Minha mãe disse que ele vendera milhares de caixões e mortalhas. Novamente ele teve esperança de que a prosperidade estivesse para chegar.

Mas a polícia de Berlim interveio. A licença para minha família, algo como um visto, tinha expirado. As autoridades recusaram a renovação. A família foi classificada na categoria "estrangeiros indesejáveis". Mudaram-se para outra cidade alemã, Chemnitz, porque os regulamentos da polícia eram mais flexíveis na Saxônia [...].

2. UM NOVO PROFETA

De volta a Viena, no início da adolescência, passei a vagabundear e sonhar, procurando compreender-me. Quem sou eu? Sou eu o corpo que possuo? É isso tudo o que sou? É tudo só matéria? Ou há alguma parte do meu corpo, ou alguma outra manifestação de mim, que poderia chamar-se *alma*?

Eu era taciturno e desrespeitoso. Sempre que tinha notícias de meus pais ou os visitava, minha mãe expressava a opinião de que eu estava mentalmente *kaput* (esgotado). Eu vivenciava uma considerável perda de apetite sexual e resolvi tornar-me celibatário.

Eu era considerado um belo rapaz. Certo dia, uma jovem casada que descobriu que eu estava fora de circulação aproximou-se de mim. "Sabe?", disse ela, "meu marido fica fora, a negócios, uma noite por semana. Você não gostaria de vir passar a noite comigo?" Respondi que não. "Você é casado?", perguntou-me em tom de gozação. "Sim", respondi, "com uma causa mais nobre."

Extensas e fervorosas leituras religiosas, filosóficas e estéticas prepararam o palco interior e psíquico para o período decisivo que estava por chegar. As leituras religiosas centralizavam-se no Velho e no Novo Testamento dos santos Paulo, Agostinho, Orígenes, Benedito, Francisco, em mestre Eckhart, Angelus Silesius, Novalis, os livros apócrifos, o Zohar e Yetzirah[11], Blaise Pascal. Os escritos de Sören Kierkegaard provocavam grande impacto em toda a Europa no co-

---

11. O Zohar (Livro do Esplendor) é o livro fundamental da Cabala. O Sefer Yetzirah constitui texto pertencente ao corpo da Cabala. [N. E.]

meço do século 20, e eu também fiquei fascinado. Entre os filósofos que mais me absorviam estavam Espinosa, Descartes, Leibnitz, Kant, Fichte, Hegel, Marx, Schopenhauer e Nietzsche. Entre os romancistas e poetas estavam Dostoievski, Tolstoi, Walt Whitman e Goethe. Por essa lista, é óbvio que eu compartilhava esses livros com muitos da minha geração, mas a minha reação a eles é que me deslocava.

Minhas leituras não eram sistemáticas. Um livro aqui, outro acolá. Em dado momento, fiquei particularmente impressionado pela Cabala. O movimento místico judaico ganhou importância durante minha época de estudante e me tocou fundo. O dogma central da Cabala — de que toda a criação é uma emanação da divindade e de que a existência da alma é eterna — juntou-se de à minha preocupação original com o livro do Gênese: "No princípio Deus criou o céu e a terra", que me emocionou profundamente [...].

Um dos resultados de todas as minhas leituras de teologia e filosofia foi uma oposição violenta não tanto aos recursos oferecidos pelos escritores, que eram excelentes e lindamente expressos, mas ao seu *comportamento* como indivíduos e representantes dos valores por eles apregoados. Eles prediziam desastres a menos que um curso de ações prescritas por eles fosse seguido, mas deixavam que políticos oportunistas e astuciosos conduzissem o mundo. Com algumas exceções, eles mesmos nada faziam. Escondiam-se atrás de livros profundos e sermões maravilhosos. Pareciam pensar que seu trabalho terminava ao escreverem seus livros ou pregarem seus sermões. Nenhum deles irrompeu do livro para a realidade [...].

Eu ainda estava na escola, ganhando a vida como professor e morando num quarto alugado. Em Chemnitz, a situação da minha família rapidamente se tornava insustentável. Os negócios de meu pai iam de mal a pior. Devido a diversas pequenas guerras na Bulgária e na Turquia, ele não conseguia cobrar o dinheiro que lhe deviam. Meus tios entravam com uma ajuda mensal para minha mãe. Meu pai, então, acabou largando a família mais ou menos definitivamente.

Mudou-se para Istambul, enquanto minha mãe deixou Chemnitz com o resto da família e voltou para Viena.

Eu poderia ter me mudado com eles e completado minha educação com relativa facilidade, já que meus tios estavam nos sustentando. Mas tomei partido de meu pai contra minha mãe e meus tios. Ressenti-me de minha mãe durante anos porque ela rompeu com meu pai. Não há dúvida de que as ligações amorosas estabelecidas por meu pai em suas viagens aos Bálcãs contribuíram para o desafeto entre os dois. Mas nós, os filhos, tínhamos apenas vagos indícios das razões reais do rompimento, e o drama familiar inteiro continua obscuro até agora.

Depois da mudança de minha família, de volta de Chemnitz, deixei crescer a barba, larguei a escola e comecei uma vida errante.

Jesus mostrava-se zangado com a mãe e era indiferente ou ressentido com seus irmãos, conforme os livros apócrifos. Supõe-se que deixou a família cedo e foi morar sozinho. Como eu, ele também tentou achar seguidores, criar um tipo mais elevado de família que lhe desse o mais genuíno sentimento de pertencer. Ele também, apesar de pobre e de sua origem humilde, procurou fazer coisas que estavam bem acima de suas posses, auxiliando crianças, tratando dos doentes, rejeitando os doutores da lei e os ricos de seu tempo. Gautama (Buda) deixou seu lar principesco, sua esposa, seu filho, saindo pelo mundo afora. São Francisco de Assis abandonou seus pais ricos para viver como um mendigo. Dezenas de profetas menos importantes tiveram sorte semelhante.

O fato de eu precisar seguir o mesmo curso foi um sinal para mim. Eu também era um escolhido, e estava na trilha certa. Em lugar de pensar ou sentir que minha conduta era injusta e arrogante, essas histórias antigas me faziam sentir orgulhoso e justiceiro.

Minha mãe costumava chorar até ficar de olhos inchados. De fato, era assim que ela tentava controlar meu comportamento desde que eu era bem pequeno. Quando eu me comportava mal, ela chorava. E claro que eu me sentia culpado. Meus irmãos olhavam-me com admiração e medo. Por que eu agia como um estranho nas poucas vezes em que estava em casa? Ficava trancado em meu quarto, comia sozinho, falava pouco ou simplesmente não falava, preocupado com coisas que eles não compreendiam. A tensão aumentava. Muito tempo depois, em 1912, começaram a chegar em nossa casa pessoas da Rússia, da Bulgária, da Romênia e da Turquia, velhos e moços, muitas vezes trazendo jornais nas mãos. Havia artigos a meu respeito, às vezes com fotos.

A notícia havia sido transmitida de boca em boca ou por carta. Dizia a história que havia um grupo de homens jovens em Viena, liderados por mim, que podia ajudar, que já ajudara pessoas com problemas, conseguindo-lhes trabalho ou dinheiro para que pudessem seguir viagem para seu destino — Nova York, Chicago, Montreal, Buenos Aires, Jafa ou aonde quer que desejassem ir. O grupo era composto por mim — o homem que fazia o papel de Deus, que tinha ido de Bucareste para Viena; Chaim Kellmer — *chassid*[12] de Czernowitz; Bukowina — doutor em Filosofia, da qual desistiu para trabalhar na terra, homem humanitário, afetuoso, com cara de querubim; Jan Feda — de Praga, amigo de Tomáš Masaryk, superando Kant e Hegel, amigo de Bezruc, alto, magro, ascético, a nata da juventude tchecoslovaca; Hans Brauchbar — vienense, doutor em Medicina, que mais tarde se mudou para a Rússia e desapareceu; e Andreas Petö — homem polígamo, que veio de Budapeste e mais tarde para lá voltou, desenvolvendo um novo método para tratamento de crianças com problemas motores. A fama que veio dessa inesperada fonte me agradou. Aconteceu. Não fora planejada.

Mas isso tanto preocupava como impressionava minha família. Procurei não demonstrar meu prazer em tudo isso. Teria sido incompatível com o ar de santidade que eu procurava manter. Eles nada sabiam de meus esforços nem de minhas ideias. Onde havia eu obtido a importância que tinha e de onde viera o dinheiro para fazer o que

---

12. Estudioso da Cabala. [N.T.]

eu estava fazendo? Para eles, eu era apenas um jovem desleixado, com ares misteriosos e um estilo de vida irregular. Provavelmente ficavam mais perturbados pela minha falta de abertura com eles, minha má vontade de compartilhar quaisquer das minhas experiências.

Naquele tempo, eu estava tão profundamente ligado ao estabelecimento do meu papel de benfeitor da humanidade, de santo, que não percebi como minha conduta podia parecer ridícula e paradoxal às pessoas simples. É como se eu fosse profundamente impulsionado a alcançar uma espécie de vitória interna que não podia ser atingida a menos que fizesse coisas extraordinárias.

Mais tarde, percebi que havia um componente razoavelmente normal em minha atitude, não muito diferente da conduta de outros adolescentes. Todo indivíduo, homem ou mulher, passa por três estágios no decorrer da vida. No primeiro estágio, a infância, ele se apega à família. No segundo estágio, afasta-se dela, frequentemente com uma violenta batalha. Na terceira fase, apega-se de novo a alguém que ama e de quem necessita, em geral a família que ele próprio formou. É como se voltasse ao início.

Naquele tempo e por muitos anos, tive a sensação de que era o principal ator, o protagonista de um drama com grandes cenas e saídas, cada ato superando o outro, culminando numa grande vitória final. Era drama, mas não teatro. Eu era meu próprio dramaturgo e produtor. As cenas eram reais, não como as de um teatro. Mas não tão reais como numa vida comum. Eram de uma realidade superior. Eram criadas pela minha imaginação com a ajuda de pessoas e objetos verdadeiros em plena vida real. Escapei do destino do esquizofrênico, que funciona no vácuo e tem de preencher o vazio com figuras alucinatórias até acreditar, ele mesmo, que essas figuras interagem com ele.

Contrastando com isso, fui capaz de despertar pessoas ao meu redor para se identificarem comigo e de criar, com a ajuda delas, um supramundo no qual eu podia testar meu papel profético num ambiente comparativamente seguro, feito sob medida para mim [...].

O psicodrama de minha vida precedeu o psicodrama como método. Eu fui o primeiro paciente protagonista e diretor da terapia psicodramática, a uma só vez. Com a ajuda de egos-auxiliares involuntários (as pessoas ao meu redor), desenvolvi uma realidade suplementar, um novo mundo que a cultura vigente não proporcionara nem podia proporcionar. Do sucesso com essas experiências é que vieram a motivação e a vitalidade para aplicar tais técnicas a outras pessoas. Também percebi que eu havia desenvolvido um veículo poderoso para uma revolução cultural. Fui desafiado porque tinha não apenas de inspirar a mim mesmo para atuar em meu papel, mas também porque tinha de inspirar as pessoas ao meu redor a atuar comigo. Às vezes, parecia-me que eu era capaz de convencer a grama a ser tão verde, o céu a ser tão azul e as árvores a crescer tanto quanto eu quisesse. Quanto maiores as barreiras que eu superava, mais crescia minha confiança de que podia vencer novos obstáculos. Eu vivia num estado de constante suspense.

Não foi de repente que me tornei profeta. Foi um crescimento gradual, lento, cujos determinantes poderiam ser encontrados em minha primeira infância. Isso explica a firmeza e estabilidade de minha conduta e a razão de eu jamais ter experimentado distúrbios mentais de proporções danosas.

Comecei a fazer a minha parte. Eu queria não só me tornar um profeta, mas também parecer um. Que cresça a barba é inevitável para um adolescente de quase 18 anos, mas o fato de não me barbear era um marco importante de rompimento com a normalidade. Por meio da barba, eu mostrava a importância da não interferência na espontaneidade sadia do corpo. A natureza deveria seguir seu curso livremente. Minha barba era loiro-avermelhada e escassa. Com o passar dos anos, ela tomou a mesma forma da barba que alguns pintores medievais davam a Cristo. Inconscientemente, devo ter aprovado essa aparência e o efeito que ela tinha sobre as pessoas que viviam numa cultura cristã. Essa aparência paternal e sábia, antecipando a velhice, era exatamente o que agradaria a um jovem Deus. Muitas vezes, porém, o efeito contrário é produzido: quão jovem deve-se ser para querer parecer tão velho? Trabalhei sobre a premissa de que minha chegada era esperada e de que eu devia aparentar esse aspecto. Obviamente, há duas compulsões operando aqui: uma compulsão cultural e uma compulsão privada.

Meus olhos são azuis. Disseram-me que eram grandes e sorriam amorosa e delicadamente. Olhando para meus olhos, as pessoas sentiriam que eu poderia ler tudo que se passava na cabeça delas. Minha postura terna e a patente bondade pareciam estar profundamente ligadas aos assuntos da pessoa à minha frente. Sempre era muito reticente a meu respeito. Meu altruísmo marcante poderia facilmente ser rotulado de comportamento hipomaníaco, não fosse pelo fato de viver o papel não apenas em público como até mesmo quando estava dormindo.

Certo dia, uma mãe desesperada veio ver-me. Extremamente preocupada com a filha, que era uma mentirosa patológica e intrigueira, ela descarregou sua história e me rogou que trabalhasse com sua filha, Liesel. A menina estava prestes a ser expulsa da escola, onde sempre arranjava problemas. Ela contava ao pai fantásticas mentiras sobre sua mãe, provocando cenas terríveis no lar. O pai, o sr. Bergner, era alfaiate, e a família era pobre. A notícia de minha conduta profética e santa havia se espalhado pela vizinhança. Embora eu fosse bem jovem, as pessoas com problemas apelavam a mim.

Liesel melhorou sob meus cuidados. Descobri que tinha um talento dramático incrível. Encorajei sua mãe a proporcionar-lhe aulas de teatro. Assim ela fez. Liesel tornou-se Elisabeth Bergner, uma das mais famosas atrizes do palco alemão no século 20.

Existem algumas observações registradas desse período da minha vida. Uma delas é de Arthur Eloesser, o biógrafo de Elisabeth Bergner.

As crianças foram durante muito tempo ensinadas por um estudante de medicina judeu-espanhol, um tipo apostólico que poderia ter sido a criação da ética fantástica de Jakob Wassermann. Ele era, acima de tudo, um brilhante pedagogo, tão simples ou tão artista que não era capaz de manter separadas as diversas disciplinas. Liesel [...] até hoje não sabe se ela as aprendeu todas ao mesmo tempo. Tudo aconteceu de forma natural. Não se falava em lição de casa, notas, nem de exames. Ele era um professor estranho, sobretudo por não aceitar nenhum pagamento das pessoas que o contratavam: "Dê o dinheiro diretamente aos pobres". Não sei se os pobres receberam o dinheiro. Só sei que, em minha opinião, o jovem verdadeiramente cristão transmitiu à sua pupila uma história de fadas divina que ela ainda cultua. Ele ensinou as três crianças da família Bergner — além das duas irmãs, havia um irmão menor — a passar diariamente pelo buraco de uma agulha e como essa desconfortável e impopular passagem pode-se tornar divertida. Em seus passeios, elas eram induzidas a dar a crianças ainda mais pobres as poucas moedas que lhes tinham sido dadas para o leite, para as frutas ou mesmo para o carrossel. O professor fazia-as encher as bochechas de ar e assegurava-lhes entusiasticamente que era delicioso o gosto do pedaço de chocolate imaginário. Ou, quando brincavam nos parques da cidade, deixavam suas bolas e depois jogavam pedaços de ar com as mãos vazias. Apesar de ser um homem positivo e de boas maneiras, como jovem entusiasta que era, causou somente duas decepções a seus pupilos. Uma ocasião, no começo, Liesel veio jantar em casa e disse que queria vê-lo imediatamente. Foi-lhe dito que ele estava comendo. Ela espiou pelo buraco da fechadura; ele realmente comia! E depois, no final, a outra decepção: ele ainda vive! Sim, disse eu, se o amigo realmente fosse um personagem saído do mundo de Jakob Wassermann, ele teria recebido o que justamente merecia. O bom poeta, no momento certo, o faria morrer devido a um nobre tipo de tuberculose ou a um leve ataque do coração. Agora, já mais velho, ele pode ter abandonado seus ideais de adolescente. Que nada! Ele é um *Wunderdoktor* num subúrbio de Viena. Ainda trata dos pobres sem aceitar pagamento [...] mas ainda vive. (Arthur Eloesser, *Elisabeth Bergner*, Berlim, 1927, p. 23-5, tradução minha.)

Eu costumava usar um manto verde-escuro que chegava quase até meus tornozelos. Todos começaram a identificar-me com ele, "o manto do profeta". Eu o vestia no verão e no inverno, talvez com a intenção de me tornar facilmente identificável, como um ator que usa sempre a mesma roupa em todas as *performances*. Às vezes, parecia-me que eu estava criando um tipo, um papel, que uma vez encontrado jamais seria esquecido.

Eu tinha a ideia fixa de que um só indivíduo não tinha autoridade, de que ele devia se tornar a voz de um grupo. Tinha de ser um grupo, a nova palavra deveria surgir de um grupo. Por isso, saí à procura de amigos, seguidores, gente boa. Minha nova religião era a religião do ser, da autoperfeição. Era a religião da cura e da ajuda, pois ajudar era mais importante do que falar. Era a religião do silêncio. Era a religião de fazer uma coisa por ela mesma, sem prêmio, sem reconhecimento. Era a religião do anonimato.

Sentia que, mesmo que meu modesto esforço se tornasse totalmente ineficaz e fosse esquecido, seria importante do ponto de vista da eternidade que tais coisas fossem tentadas e houvessem existido. Que tais coisas fossem cultivadas e tal pureza fosse mantida independentemente do pagamento. A nova religião demandava um estado de resignação, de apenas ser, tendo as satisfações imediatas de tal estado de ser. Se o amor ou a camaradagem acontecessem, deveriam ser preenchidos e mantidos no momento, sem calcular o possível retorno ou esperar qualquer compensação.

Ao mesmo tempo, eu estava consciente de que enormes forças interiores — o desejo de reconhecimento e de poder — me empurravam para uma exposição pública. Sentia uma pressão que me direcionava a criar uma religião de massas. Essas forças eram difíceis de canalizar, e eu tive dificuldade de me satisfazer apenas com o mundo de encontros imediatos. Se eu tivesse desejado, e tivesse sido menos perfeccionista, poderia ter reunido forças para criar uma religião envolvendo grandes massas. Mas um forte *daimon*[13] me fazia evitar demasiada organização. O *daimon* me assegurava que eu seria capaz de atingir a vitória mesmo com um nível de conduta ingênua. O *daimon* tentava acender em mim a esperança de que o aparentemente impossível pode ser realizado, mesmo que leve mil anos. Acalmava-me com a crença de que eu era forte e poderoso o bastante para esperar, e eu não podia resistir ao sonho do novo universo romântico dentro de mim. Meu amor por esse universo era tão profundo que eu não podia me ver jamais afastado dele. Cometi o erro de subestimar o crescente impacto do mundo tecnológico à minha volta e de prender-me em demasia aos modelos antiquados da Idade Média. Muitos de meus predecessores em experimentos religiosos podem ter tido de enfrentar desafios similares. Existem padrões culturais repetitivos nos quais todo inovador religioso se envolve. *O xis do problema era como criar uma religião sem ficar preso nas engrenagens de uma organização, como conduzir uma vida religiosa sem se tornar um profeta negociante.* (O grifo é de Moreno.)

Em 1908, eu estava de volta à escola, dessa vez na Universidade de Viena. Nunca recebi diploma do ensino fundamental, mas pude prestar exames vestibulares para a universidade e me tornei um estudante matriculado. Minha intensa vida religiosa não me impediu de continuar os estudos.

É difícil retomar o clima místico que envolveu nosso grupo durante o verão de 1908. Chaim Kellmer, Hans Brauchbar, Hans Feda, Andreas Petö e eu caminhávamos por horas à noite. Ninguém falava. Esperávamos que Cristo renascesse. Sua chegada era iminente.

Os adolescentes estão mais perto de Cristo do que os homens maduros ou idosos. Cristo é um símbolo de juventude. Ele veio para as crianças e para os jovens. Olhávamos com curiosidade e suspeita para todo homem que passava por nós. Depois olhávamos para nosso próprio reflexo, para nossa própria sombra. Quem poderia dizer?

---

13. *Daimon*: voz interior. [N.T.]

Talvez fosse um de nós. Uma vez, quando especulávamos sobre a vinda de Cristo, Kellmer e Feda subitamente olharam para mim com uma expressão de admiração e reverência. Esperavam algo de mim. Eles me empurravam em direção ao grande feito, à transformação. As questões que nos preocupavam eram: como Ele seria e como atuaria? Por quais sinais nós O reconheceríamos? Paramos na ponte sobre o Danúbio. Não havia ninguém lá. Um de nós murmurou, de forma quase inaudível: "Ele estará nu". Um a um fomos acrescentando: "Sem nenhuma peça de roupa", "Cabelo comprido e barba longa, não porque sejam necessários para Sua aparência, mas porque barba e cabelo crescem". Fomos assim ampliando um a fantasia do outro. E nenhuma fantasia era absurda ou louca demais para ser permutada pela dos outros. Estávamos livres em companhia uns dos outros para compartilhar nossos pensamentos mais íntimos.

Cristo estaria nu, decidimos. Não porque Ele era um ser primitivo, mas porque a nudez é um gesto dinâmico e exposto de exclusão e rejeição a toda a parafernália cultural. Não era Adão que retornaria, mas Cristo. Nosso Cristo que retornava precisaria de uma forma dramática anunciando Sua não aceitação da nossa cultura tecnológica. Ele não seria um exibicionista, mas um homem que reverenciasse o estado natural de Seu corpo. Em contraste, é a "cultura" moderna que "exibe" roupas, camisas, chapéus, *lingerie*, sapatos e meias. Cristo teria Seu corpo nu como veio do ventre de Sua mãe. Por isso Cristo tinha de estar nu. Procuramos prever Sua conduta em nossa época. Ele viria caminhando. Não viria cavalgando num cavalo branco, numa carruagem nem num automóvel. Não iria ao teatro nem ao cinema. Não visitaria templos nem igrejas. Ele iria à casa das pessoas, a suas oficinas, lojas, aos hospitais. Ele estaria nas ruas, onde quer que houvesse gente.

Como o maior crime de nossa cultura é ser patológico, comportar-se de maneira patológica, Ele apareceria à maneira do homem patológico e exibiria, humoristicamente, toda a parafernália da insanidade. Ele diria: "Sou um doente mental; olhem para mim; deixem vir a mim todos os doentes mentais". Nós realmente nos aquecemos para o papel [...].

Cristo ouvia vozes. Nós todos ouvimos vozes. Qualquer um que não ouve vozes não é normal. "Desta vez Cristo estará nu. Ele ouvirá vozes e as vozes Lhe dirão o que fazer, e Ele ouvirá as vozes que nós ouvimos dentro de nós."

Esse era o sonho que tínhamos de Cristo [...].

O primeiro encontro que procurei ter foi com as crianças. Aproximei-me das proles, dos bebês, das crianças. Caminhava pelos lugares em que elas brincavam, em que eram deixadas pelos pais quando iam trabalhar. Em vez de falar com as crianças em linguagem clara, eu lhes contava histórias de fadas. Descobri que nunca conseguia repetir a mesma história, que tinha uma obrigação para comigo mesmo e para com as crianças de manter a sensação de encantamento delas próprias quando o enredo era o mesmo, mantendo-me num nível de espontaneidade e criatividade, a fim de estar à altura das demandas rigorosas do meu ego criativo, que não me dava a "licença profética" de ser menos. Observava atônito minha transformação de insípido estudante em profeta aventureiro. Fui despertado todos os dias para maiores feitos pelos apelos imaginativos das crianças.

Quando olho para uma criança, vejo "sim, sim, sim, sim". Elas não precisam aprender a dizer "sim". *Nascer é sim.* Você vê a espontaneidade na sua forma de vida. Está descrito por toda a parte na criança, em sua "fome de atos", em como ela olha para as coisas, em como ouve as coisas, ao se apressar no tempo, quando se move no espaço. Como agarra os objetos, como sorri e chora. Bem no começo, ela não vê objetos como barreiras, nem limites de distância, nem resistências ou proibições. Mas, à medida que os objetos atrapalham sua locomoção e as pessoas lhe respondem com "Não, não, não", ela inicia sua fase reativa — ainda elevando-se, mas com crescente ansiedade, medo, tensão e cautela.

Descobri um profundo significado no *Godplaying* das crianças. Quando eu era estudante, costumava caminhar pelos parques de Viena, reunindo crianças e formando grupos para brincadeiras de improvisação. Naturalmente, conhecia Rousseau, Pestalozzi e Froebel. Mas essa era uma nova inclinação. Era um jardim de infância em escala cósmica, uma revolução criativa entre crianças. Não era uma cruzada filantrópica de adultos para crianças, mas uma cruzada de crianças para si mesmas, para uma sociedade com idade e direitos próprios. Eu queria dar às crianças a capacidade de lutar pela espontaneidade e pela criatividade, contra estereótipos sociais e contra robôs.

Foi no trabalho com crianças que minhas teorias da espontaneidade e criatividade se cristalizaram. Inevitavelmente, quanto mais velha é a criança, menos espontânea e criativa ela é. Os dois fatores, espontaneidade e criatividade, caminhavam juntos. Percebi, também, que sempre que uma criança se repete ao terminar uma ideia ou um esquete dramático, suas representações se tornam mais e mais rígidas.

Eu mesmo me apeguei ao anonimato, à espontaneidade e à criatividade como a madeira ao fogo. Foi assim que o meu *Godplaying* nos parques e nas ruas de Viena começou. Certo dia, eu caminhava pelo Augarten, um parque perto do palácio do arquiduque, quando vi um grupo de crianças vadiando. Parei e comecei a contar-lhes uma história. Para meu espanto, outras crianças pararam de brincar e se juntaram a nós. A mesma coisa fizeram as babás com seus carrinhos de bebê, as mães, os pais e os policiais montados a cavalo.

Daí em diante, um de meus passatempos favoritos era sentar-me debaixo de uma árvore e deixar as crianças virem e ouvirem um conto de fadas. O mais importante da história é que me sentava ao pé de uma árvore, como um ser saído de um conto de fadas, e via que as crianças eram atraídas por mim como se por uma flauta mágica. Parecia-me que seu corpo era removido de seu ambiente monótono e trazido para um reino encantado. Não era tanto pelo que eu lhes contava, ou pelos contos em si; era o ato, o clima de mistério, o paradoxo, a transformação do irreal em real.

Eu estava no centro do grupo. Costumava subir na árvore e me sentar num galho mais alto. As crianças formavam um círculo à minha volta, depois um segundo círculo era formado e logo mais um terceiro. Muitos círculos concêntricos. O céu era o limite.

A razão de eu ter escolhido o caminho do teatro em vez de ter fundado uma seita religiosa, entrado num monastério ou desenvolvido um sistema teológico (apesar de essas alternativas não excluírem nenhuma delas) pode ser entendida se olharmos para o cenário em que surgiam minhas ideias. Eu sofria de uma *ideia fixa*, ou do que se podia então chamar de presunção, mas hoje, quando os frutos estão sendo colhidos, chamar-se-ia graça de Deus. A *ideia fixa* tornou-se minha constante fonte de produtividade. Ela proclamou que há uma espécie de natureza primordial que é imortal e retorna renovada a cada nova geração, um primeiro universo que contém todos os seres e no qual todos os acontecimentos são sagrados. Eu gostava daquele reino encantador que se descortinava para mim no *Godplaying* das crianças e me mantinha ligado a ele. Não planejava deixá-lo jamais [...].

Aos poucos, conscientizei-me de que tinha de deixar o reino das crianças e penetrar no mundo, o mundo maior, mas, naturalmente, sempre mantendo a visão que o trabalho com as crianças me tinha dado. Decidi que a *ideia fixa* devia permanecer como meu guia. Por essa razão, sempre que entrava numa nova dimensão de vida, percebia ante mim as formas que vi no mundo virginal. Elas foram meus modelos sempre que tentei prever uma nova ordem de coisas ou criar uma nova forma. Eu estava extremamente seguro dessas visões, que pareciam dotar-me de uma ciência de vida mesmo antes de a experiência comprovar sua acuidade. Quando entrava numa família, escola, igreja, parlamento ou qualquer outra instituição social, eu me rebelava. Sabia como nossas instituições haviam se tornado distorcidas, e eu tinha um novo modelo pronto para substituir o antigo.

Por trás da cena de contar histórias de fadas às crianças, eu estava tentando plantar as sementes de uma diminuta revolução criativa. Isso carregava um duplo significado. Era um teste da ideia do Deus vivo *dentro* da moldura da nossa civilização moderna, não em comparativa segurança fora dela, como nos desertos da África ou nas planícies da Índia. Era meu desejo ser um santo lutador, não um recluso. Também tinha a intenção de que meu trabalho fosse a demonstração contra a teoria psicanalítica de heróis e gênios então vigente em Viena, que dizia que todos eram doentes mentais, mais ou menos, ou tocados pela insanidade. Portanto, eu queria mostrar que um homem que exibia todos os sinais de paranoia, megalomania, exibicionismo e outras formas de desajuste individual e social podia ainda ser bastante bem controlado e saudável. Realmente, um homem assim podia ser mais produtivo ao representar seus sintomas do que ao tentar reprimi-los e resolvê-los. Eu era a antítese viva da doutrina psicanalítica, predizendo, na minha própria vida, o protagonista do psicodrama.

A única forma de livrar-se da síndrome de Deus é desempenhando-a. (O grifo é de Moreno.)

3. CHAIM KELLMER E A RELIGIÃO DO ENCONTRO

Logo que comecei a frequentar a universidade, conheci um homem que se tornou o amigo e companheiro mais próximo que tive na juventude. Era uma manhã fria de inverno quando, ao atravessar a rua de Votivkirche para a universidade, fui abordado por um estranho. Ele se aproximou de mim e falou numa voz melodiosa e profunda: "Eu o vi e ouvi várias vezes e tive vontade de falar com você, por isso aqui estou". Apertamos as mãos. Daquele momento em diante, até sua morte, Chaim Kellmer foi meu companheiro constante.

Chaim tinha um físico forte. Era mais alto e mais corpulento que eu e alguns anos mais velho. As palavras lançavam-se de sua boca com grande rapidez. Explicou-me que logo ia receber seu título de doutor em Filosofia. Naquela manhã, ele estava a caminho de uma palestra, mas sentiu que era mais importante me conhecer. Chaim vinha de Czernowitz, na Bucovina — que agora faz parte da Rússia, mas naquele tempo pertencia a uma região da Romênia. Recebera ensinamentos chassídicos e tinha ido a Viena para encontrar respostas a muitos enigmas que se aninhavam em sua mente e em sua alma. Mas os enigmas eram irrespondíveis, disse ele com sarcasmo.

Olhou-me com seus olhos fundos e disse: "Eu sei que juntos, você e eu, temos as respostas, e é por isso que quero conversar com você e conhecê-lo melhor. Há três aspectos que me atormentam", prosseguiu, "devo continuar e ensinar filosofia? Não encontrei nada aqui que valha a pena ensinar. O segundo aspecto é: já que todas essas coisas intelectuais são desnecessárias e vãs, eu deveria trabalhar com as mãos em vez de ensinar?" Olhei para suas mãos e para seus braços grandes e fortes. "Estava planejando colocar meus pertences numa mala e partir para a Palestina, para trabalhar numa das colônias." De repente, olhou para mim e disse: "Mas por que ir tão longe?" Chaim tinha um rosto vigoroso de pele rosada, com aparência sadia. Era quase como se tivesse sido queimado pelo calor de suas paixões interiores. Achei sua aparência bem estranha naquela manhã gelada. Mais tarde, soube que Chaim Kellmer era um homem doente e que o vermelho de suas faces era consequência de uma febre baixa de tuberculose que vai subindo durante o dia. Seu entusiasmo pela ação provinha de uma profunda ansiedade de preencher sua curta vida com abundância.

"O terceiro aspecto e o mais importante", disse ele, "é que quero viver bem. A bondade vem primeiro." Ambos paramos, apoiando-nos nas colunas que se erguiam na fachada da universidade. "Diga-me como viver e diga-me o que fazer." Era como se ele estivesse colocando sua vida inteira em minhas mãos. Foi uma experiência muito profunda e dramática para mim. Nunca antes tinha acontecido comigo de um homem me cumprimentar e demonstrar tanto respeito. Senti-me humilde. Quem era eu para merecê-lo? Permaneci em silêncio. Continuamos a caminhar. Ele parou de falar, e o silêncio que compartilhamos pareceu criar um laço duradouro entre nós.

Meu silêncio lhe disse: "Não quero proferir palavras em vão. Você sabe que deve decidir sozinho, e você o *fará*".

Eu era o modelo de seu sonho dourado de encontrar um ser superior, uma alma messiânica que ele pudesse seguir, e ele era a vítima de minha ânsia de onipotência. Ambos fomos varridos por uma onda de contágio religioso [...].

Como eu, Chaim ganhava a vida como professor particular. Um dia, seguindo meu exemplo, ele parou de cobrar por seu trabalho. As famílias com quem trabalhava havia muitos anos ficaram desconcertadas. Convidavam-no para refeições extras, deixavam uma cama preparada para que pernoitasse lá quando quisesse. Davam-lhe roupas e cobriam-no de presentes. Era um professor e amigo tão maravilhoso para essas famílias que elas não o queriam perder. Ao final, tornou-se o professor mais bem-vestido e bem alimentado que eu conhecia. Ele ria quando eu caçoava dele por isso. "Se você der amor às pessoas, elas lhe retribuirão", era sua resposta.

Chaim também visitava as pessoas e lhes dava conselhos, tentando ajudá-las a resolver seus problemas. Muita gente o procurava sempre que precisava de ajuda. Elas insistiam em lhe pagar pela ajuda, mas ele sempre recusava, dizendo: "Posso aceitar apenas uma coisa. Temos um fundo para alugar uma casa na cidade para pessoas que precisam de abrigo. Dê esse dinheiro ao fundo".

Assim nasceu a religião do encontro entre os anos de 1908 e 1914. Meu grupo de seguidores e eu somávamos cinco jovens. Todos nos comprometemos a compartilhar do anonimato, do amor e da doação, levando uma vida concreta e direta na comunidade com todos os que encontrávamos. Deixamos nossa casa e a família e fomos para as ruas. Não tínhamos nome, mas éramos facilmente reconhecidos pela barba e por nossa abordagem alegre, humana e calorosa para com todos os que se aproximavam de nós. Não aceitávamos dinheiro pelos serviços que prestávamos a outros, mas recebíamos muitos presentes de doadores anônimos. Todos os presentes recebidos iam para o fundo da Casa do Encontro. Uma organização católica de assistência também fazia doações.

Nos anos anteriores à Primeira Guerra Mundial, os tumultos e a instabilidade política do Império Austro-Húngaro se traduziam no grande número de pessoas que procuravam novos lares, fosse nas Américas ou na Palestina. Eles invadiam Viena, como os refugiados ainda o fazem, e quase sempre enfrentavam uma longa espera antes de obter permissão para passar, às vezes até um ano. Muitos deles, durante essa espera, acabavam com suas magras economias. Pessoas em trânsito ou refugiados não podiam obter licença para trabalhar. Alguém no grupo tinha conhecimentos na prefeitura e conseguia licença de trabalho sem demora; isso era uma tremenda conquista. Conseguíamos emprego para pessoas em fazendas, como ajudantes em residências, como trabalhadores de qualquer tipo, como pedreiros, enfim, o que pudéssemos conseguir. Eles não eram exigentes. Quando ficavam doentes, conseguíamos assistência médica para eles.

Encontramos uma casa num dos bairros centrais de Viena. Qualquer um que chegasse era bem-vindo e podia ficar sem pagar. Assim, eles vinham de toda parte. Não sabiam nossos nomes, mas traziam retratos ou descrições, muitas vezes bem bizarros, do fundador da casa e de seus ajudantes. Sabiam de nossa existência por meio de cartas de parentes e amigos e de reportagens de jornal sobre nosso trabalho. Alguns vinham sozinhos, outros com mulheres e crianças. Raramente chegavam com aviso prévio; apenas apareciam na casa trazendo nas mãos cartas ou recortes bastante manuseados.

Nas paredes da casa havia frases escritas em cores com o seguinte pronunciamento: "Venham a nós de todas as nações. Nós lhes daremos abrigo".

Ainda hoje fico espantado como tantas pessoas se amontoavam naquela casa, compartilhando tudo que tinham, sem brigas nem rancores. Tentávamos manter as famílias juntas, mas havia pouca privacidade. Mesmo assim, muitas crianças foram concebidas e nasceram durante a longa espera pelos passes. Toda noite, após o jantar, conduzíamos sessões nas quais os problemas eram levantados e os ressentimentos desfeitos. Esses primeiros "grupos de encontro" foram o modelo para os grupos de encontro que hoje se espalham pelo mundo inteiro. Mas as reuniões noturnas não eram somente sessões de discussão. Após compartilharmos nossos sentimentos, cantávamos, dançávamos e jogávamos. Participar dos encontros era uma experiência religiosa, algo muito alegre [...].

Logo Chaim recebeu seu diploma de doutor em Filosofia. "Concluí", disse ele, "aqui está o diploma", e o rasgou diante de meus olhos. "Não vou mais para a Palestina. Estive lendo seu pensamento e sei que você acha que eu não devo ir. Não sei por que eu deveria ir tão longe. O mundo está aqui tanto quanto está lá. Há terra aqui que precisa de mãos para cultivá-la. A ideia de ir para a Palestina como *chalutz*[14] foi um sonho de infância. Pensei então que, sendo judeu, eu pertencia àquele lugar, que pertencia ao povo judeu. Mas agora já perdi o sentido do que é ser judeu. Procuro o judeu dentro de mim e não o encontro. Talvez algumas pessoas possam fazê-lo. Penso que a Palestina está aqui mesmo." Bateu violentamente o pé no chão. "Arrumei um emprego como lavrador em Kagran. Encontrei um ótimo fazendeiro para quem trabalhar. Começo amanhã." [...].

Kellmer tinha ideias visionárias a respeito do poder espontâneo do corpo de curar qualquer doença. Não respeitava médicos nem remédios, e se negava a curvar-se aos imperativos do seu corpo. Recusava-se a dar ao corpo sono, alimento ou descanso com a ideia infantil de que ele obedeceria à sua vontade. Mas o corpo não o fazia. Em certas ocasiões, ele dizia que sabia que morreria cedo. Em outras, quando estava deitado na cama com febre alta, cheio de sonhos, em verdadeiro delírio, temia a proximidade da morte. Ele se convencia de que não duraria até o dia seguinte quando ficava nesse estado. Temia os horríveis ataques de tosse que o assaltavam. Seu peito enorme ofegava de dor, tentando cuspir o muco. Sentia que algum dia poderia morrer sufocado pelo expectorante, ou que o coração pararia de bater com o esforço da tosse.

Paradoxalmente, a patente proximidade da morte deu-lhe forças incríveis para viver de forma cada vez mais negligente. Ele desperdiçava sua energia e estava mais do que nunca determinado a pôr em prática suas ideias, a testá-las e prová-las ao mundo inteiro. Graças à sua força inata, à sua força de vontade e energia sem limites, ele viveu por mais sete anos. Mas nesse período ele viveu com maior intensidade do que muitos viveriam num século. O relacionamento de Chaim com sua morte foi de sensualidade.

---

14. Membro de um *kibutz*. [N.T.]

Chaim tinha também um amor sensual e apaixonado por mulheres, apesar de, até então, jamais ter dormido com uma. Ele se sentia sempre tentado a fazê-lo. Resistia. Resistia também a todas as mulheres que o queriam. Mas certo dia ele apareceu com um brilho no olhar. Colocou a mão no meu ombro e olhou bem nos meus olhos. Houve um longo e intenso silêncio. Ele gostava de pensar que eu sempre sabia o que ele estava pensando. Caiu na gargalhada. "Bem... na noite passada aconteceu. Pela primeira vez na vida estive com uma mulher pela qual senti grande amor desde o primeiro momento em que a vi. Esperávamos por esse momento havia anos. Foi uma experiência gloriosa, e estou ainda tremendo de êxtase. Hoje estou jejuando. Sinto-me como um noivo que encontrou sua noiva, mas estive lutando com minha consciência o dia todo. A questão é: devo seguir com o caso? Será que uma grande experiência como o ato sexual com a mulher que você ama não ficará profanada pela repetição? O ato foi tão especial e completo para ambos os lados que parece ter consumido todo o meu apetite sexual. A repetição poderia transformar algo maravilhoso em um hábito. Não há nada de novo que eu possa aprender numa segunda vez."

Chaim manteve sua fé. Nunca mais teve relações sexuais com uma mulher enquanto viveu. Entretanto, aquela jovem e encantadora mulher passou a ser a anfitriã da casa que abrimos para os refugiados. Ficaram sempre um perto do outro e continuaram a se amar até a morte dele.

A vida de Kellmer simbolizou um novo ponto de vista religioso que tentava integrar sexo e amor numa estrutura maior de vida. Ele viveu com singular devoção às tarefas diárias e solicitações que se apresentavam, até estourar a Primeira Guerra Mundial. Para surpresa de todos que o conheciam, ele se apresentou como voluntário para servir no hospital do exército austro-húngaro. Ele sabia que um exame médico normal o barraria, mas descobriu um jeito de driblar as exigências. Todos os amigos o preveniram de que a vida militar provavelmente o mataria, mas ele resistiu a nossos bem-intencionados conselhos. Para sua infelicidade, e ao contrário de todos os seus cálculos, as autoridades militares insistiram para que ele cumprisse o período regular do treinamento básico. Tudo isso foi um choque enorme para seu corpo fraco, mas ele suportou heroicamente, repetindo sempre que esperava tratar dos feridos e consolar os doentes. Por fim, foi indicado para servir num leprosário. Seus amigos o viam em seu uniforme de hospital indo de cama em cama, apoiando um soldado aqui, consolando outro ali. Algumas semanas depois, foi levado ao hospital com febre alta. Nunca mais se recuperou daquela crise. Consegui revê-lo quando foi transferido para um hospital em Viena, pouco antes de sua morte. Foi enterrado num local perto de Kagran, num cemitério campal. Ninguém sabe onde descansam seus restos mortais. Ele morreu assim como viveu, no anonimato.

4. ATIVISMO E ESPECULAÇÃO: NAZISMO, COMUNISMO E EXISTENCIALISMO

Entre 1910 e 1923, Viena foi o lugar onde muitos movimentos importantes foram tramados. Alguns deles se tornaram históricos, e vale a pena retroceder e discutir suas origens em termos de minha experiência durante aqueles anos. O nazismo, o comunismo e o existencialismo surgiram ocultamente entre 1909 e 1913. No período da guerra, a maioria dos movimentos políticos e sociais diminuíram, subordinados aos esforços de guerra, para virem à tona entre 1919 e 1923.

Adolf Hitler veio a Viena para estudar arte. Seu pai expulsou-o de sua casa em Braunau am Inn, no Danúbio. A escola de arte o rejeitou. Para se sustentar, ele costumava ir aos parques de Viena e pintar cenas em cartões-postais, os quais então vendia a turistas por alguns tostões. Parecia um indigente, vestindo-se como um vagabundo. Eu soube que ele morava num cortiço.

Um dia, após uma de minhas sessões de contação de histórias no parque, Hitler chegou-se a mim e apertou minha mão. Nós nos apresentamos e ele me disse que havia gostado da sessão. Ele não tinha nada de especial, mas carregava um espírito entusiasmado.

Anos mais tarde, em 1921, nosso *Stegreiftheater* (grupo do teatro da espontaneidade) estava excursionando pela Alemanha. Após nossa demonstração em Munique, um jovem universitário me convidou a conhecer um grupo de trabalhadores revolucionários na cervejaria que ele frequentava. Hitler estava na plataforma exortando seus ouvintes para a futura glória.

Até onde pude ver, Hitler era apenas outro nacionalista com seguidores entre operários de fábrica. Era o mesmo entusiasta que eu conhecera no parque, mas ainda não tinha nada que o distinguisse particularmente. Hitler deixou Viena em maio de 1913. Seu movimento nacional-socialista foi antecipado em muitos anos às atividades dos nacionalistas e antissemitas germânicos, tornando-se mais intenso, mais divulgado e mais bem organizado a cada ano. Eu cresci naquela atmosfera e, para minha sorte e da minha família, era muito sensível a ela.

Na Universidade de Viena, havia numerosas brigas entre estudantes nacionalistas e estudantes sionistas seguidores de Theodor Herzl. Certa manhã, quando me dirigi à universidade, encontrei a Ringstrasse bloqueada por um cordão de polícia montada e a pé. Não permitiam a passagem de ninguém. Os nacionalistas haviam avisado ao reitor e aos catedráticos dos departamentos da universidade, bem como a todos os outros estudantes, que os judeus não podiam mais participar das aulas. Também não seria permitida a entrada dos judeus em nenhum recinto da universidade. Se um judeu tentasse entrar, levaria uma surra e seria enxotado. A *Deutsche Volkstudenten*[15] colocara guardas em todas as entradas, pela universidade inteira, em cada janela nos andares de cima, diante de cada porta das salas de aula. A ocupação da universidade levou a uma reunião do reitor com todos os diretores e professores da faculdade. Eles decidiram fechar a instituição.

Apesar de estar fechada, os estudantes judeus, em grupos de dez ou 20, tentaram forçar a entrada. Os nacionalistas contra-atacaram a socos, com paus e até facas. As perdas foram duras e severas, com os judeus levando a pior. Dia após dia eu ia à escola, mas a situação era a

---

15. União Alemã de Estudantes. [N.T.]

mesma. Continuavam as lutas cruéis e sangrentas. A universidade permanecia fechada. Muitos dos próprios professores da faculdade eram nacionalistas. O departamento de polícia de Viena era controlado por um conhecido antissemita, o burgomestre Lueger. Na verdade, os estudantes judeus eram apenas uma pequena porcentagem do corpo discente. Descobri mais tarde que a causa original do conflito foi uma troca de socos entre um rapaz judeu e um estudante nacionalista alemão, tendo o judeu aplicado uma surra no nacionalista.

A Universidade de Viena, um centro mundial de estudiosos, especialmente renomada por suas faculdades de Medicina e institutos de ciência, era um campo de batalha. Todos os esforços para uma reconciliação falhavam. Tentei ser o mediador da disputa durante certo tempo. Eu tinha uma posição de liderança na comunidade universitária. Minha religião aparentemente misteriosa, minhas atividades proféticas e meu grupo de discípulos me deram um *status* incomum. Eu era um estranho nas guerras políticas que haviam devastado a universidade. Ninguém realmente me conhecia. Os nacionalistas pensavam que eu era alemão; os judeus achavam que eu era judeu; ninguém realmente sabia [...].

Leon Trótski visitara Viena muitas vezes nos anos que precederam a Revolução Russa, assim como inúmeros outros líderes do movimento bolchevista. Viena tinha um grande contingente de imigrantes russos. Trótski ocupava o porão no mesmo prédio que havíamos alugado para o teatro das crianças. No inverno, transferimos o trabalho no parque para dentro do prédio. Toda noite ele promovia reuniões com estudantes e trabalhadores, entre os quais procurava disseminar sua mensagem.

Uma noite ele me viu entrando no teatro com um grupo de crianças. Contrastando com seu usual discurso bombástico, ele disse: "A política é a maior de todas as ciências".

"Talvez seja", respondi, "mas como se começa? Parece-me que antes de entrar na política precisamos fazer outra coisa. Aqui estamos nós, cara a cara, mas a distância entre nós é espantosamente grande.

Parece-me que é maior do que a distância entre nós e aquela estrela brilhante lá em cima, a milhões de anos-luz. Como cruzar a ponte entre mim e você?"

Havia grupos comunistas e socialistas na universidade enquanto lá estive. Como outros grupos, eles se envolviam em demonstrações, comemorações e trocas de socos. Na universidade, o mais importante era controlar o grande salão de entrada, e todos os grupos políticos estavam empenhados numa constante competição pelo poder para ver quem era capaz de se apoderar dele.

O terceiro movimento importante com o qual me associei durante aqueles dias foi o existencialismo. Eram poucos os primeiros existencialistas, e facilmente identificáveis pelas barbas que usavam. A barba era o sinal pelo qual eles eram reconhecidos e pelo qual reconheciam uns aos outros. Era um símbolo de sua masculinidade natural e um desafio tanto aos burgueses como aos simpatizantes comunistas, como algo que cresce a seu modo e não fica parado. Era, pois, o emblema da liberdade do indivíduo de *ser* [...].

Os princípios dos três movimentos eram claros. Os nazistas propunham a conquista do mundo, para que os alemães assim pudessem governá-lo. Os comunistas queriam conquistar o mundo para a classe trabalhadora. Em contraste, os primeiros existencialistas salientavam que a própria existência era algo sagrado. Eles já tinham o mundo. Não precisavam conquistá-lo. Sempre que viam a existência ameaçada, procuravam restaurá-la em sua forma nativa, contra a invasão dos robôs [...].

O primeiro princípio desse grupo era a "inclusão total do ser" e o esforço constante, momento a momento, em manter seu fluxo natural, espontâneo e ininterrupto de existência. Nenhum minuto podia ser ignorado porque cada minuto fazia parte do ser. Nenhuma parte podia ser desprezada porque toda parte era parte do ser e não havia nenhum outro ser. Seu segundo princípio era a bondade, a bênção natural de todas as coisas existentes. Havia a ideia do "momento" (*Augenblick*[16]), não como função do passado nem do futuro, mas como uma categoria por si mesma; o conceito de "situação" (*Lage*[17]) e os desafios dela procedentes; as ideias de espontaneidade e criatividade como processos universais de conduta, contrariando os clichês das conservas éticas e culturais; e, acima de tudo, a noção da urgência, a urgência de sua experiência imediata [...].

Em certa tarde de 1913, eu caminhava pela Praterstrasse após uma sessão com as crianças. Encontrei uma moça bonita, que sorriu para mim. Ela usava uma saia vermelho-berrante e uma blusa branca enfeitada com laços vermelhos que combinavam com a saia. Mal começara a conversar com ela quando um guarda se colocou entre nós e a levou embora. A afronta e o choque me mobilizaram a seguir o par até a delegacia e esperar a jovem até que saísse. Quando ela apareceu, lhe perguntei o que tinha acontecido. Ela me respondeu: "A polícia disse que não podíamos usar roupas tão chamativas durante o dia porque poderíamos atrair fregueses. Somente ao entardecer temos licença para isso".

Minha compaixão foi despertada. Eu não estava consciente de nenhum motivo sexual, mas de uma profunda raiva e ressentimento pelo abuso por parte dos pequenos deuses da delegacia de polícia contra essas mulheres.

O bairro da luz vermelha de Viena, um gueto para prostitutas, localizava-se de início na famosa Am Spittelberg. Aqui se achava uma classe inteira de gente segregada pelo resto da sociedade, não por causa de sua religião ou etnia, mas devido a seu trabalho. Elas eram inaceitáveis para os burgueses, para os marxistas e até mesmo para os criminosos. Estes, após cumprirem sentença, são novamente pessoas livres. Mas aquelas mulheres estavam perdidas para toda a eternidade. Não tinham nenhum direito civil. Não havia leis nem mecanismos sociais para proteger seus interesses.

---

16. Na tradução literal do alemão: "piscar de olhos". [N. E.]
17. Na tradução literal do alemão: "lugar". [N. E.]

Comecei a visitá-las em casa acompanhado de um médico, o dr. Wilheim Gruen, especialista em doenças sexualmente transmissíveis, e de Carl Colbert, editor de um jornal de Viena, *Der Morgen*. Nossas visitas nunca foram motivadas por nenhum desejo de corrigir as moças nem de analisá-las. A princípio, elas suspeitavam de nós, porque em Viena as irmãs de caridade católicas sempre tentavam intervir na vida delas. Eu tampouco procurava pela "prostituta carismática" entre elas. Trata-se de uma criatura da fantasia do trabalhador social: uma mulher forte, atraente, que poderia ser induzida a mudar seus costumes e tirar suas irmãs de uma vida de corrupção.

Eu tinha em mente o que LaSalle e Marx haviam feito pela classe trabalhadora, deixando à parte a ideologia. Eles tornaram os trabalhadores respeitáveis ao dar-lhes um sentido de dignidade; organizaram-nos em sindicatos de trabalhadores, que elevaram o *status* da classe inteira. À parte os benefícios econômicos antecipados aos trabalhadores, essa atividade organizacional foi acompanhada por realizações éticas. Eu tinha em mente que alguma coisa similar podia ser feita pelas prostitutas. Para começar, suspeitava que o aspecto "terapêutico" aqui seria bem mais importante do que o econômico, porque as prostitutas haviam sido estigmatizadas por tanto tempo como pecadoras desprezíveis e gente indigna que aceitavam isso como fato inexorável. Era mais fácil ajudar a classe trabalhadora. Embora o trabalho manual tenha sido — e ainda seja — considerado vulgar por algumas pessoas, era comparativamente fácil dar a ele, com a ajuda de publicidade eficiente, a imagem de serviço e dignidade.

Mas éramos otimistas e começamos a encontrar-nos com grupos de oito a dez moças duas ou três vezes por semana na casa delas. As sessões aconteciam à tarde, quando os vienenses costumam ter o que se chama *Jauze*, uma versão do chá das cinco dos ingleses. Eram servidos café e bolo, e nos sentávamos ao redor de uma mesa. As reuniões, a princípio, discutiam simplesmente os incidentes diários pelos quais as moças passavam: elas eram detidas, importunadas pelos guardas por usarem roupas provocantes, presas devido a acusações falsas de clientes de terem doenças sexualmente transmissíveis; porém, viam-se impossibilitadas de conseguir tratamento, ficavam grávidas e davam à luz bebês que tinham de esconder sob nome falso em orfanatos, tendo de ocultar sua identidade das crianças, aparecendo apenas como "tias" amorosas. De início, as moças tinham medo de perseguição e se abriam muito lentamente. Mas, quando começaram a ver que o objetivo do grupo era o benefício de todas, se "aqueceram" e se tornaram bem acessíveis.

Os primeiros resultados obtidos eram mais mecânicos. Por exemplo, conseguimos encontrar um advogado que as representaria na justiça. Encontramos um médico para tratá-las e um hospital que as aceitaria como pacientes. Aos poucos, elas foram reconhecendo o profundo valor desses encontros. Foi possível ajudar-se umas às outras. As moças propuseram-se a contribuir com uma pequena quantia por semana para as despesas das sessões e a abrir uma caderneta de poupança para emergências.

Ao final de 1913, as prostitutas realizaram um encontro de grandes proporções em um dos maiores salões de Viena, o Sofiensaal. Já nessa ocasião, havia uma verdadeira organização, com dirigentes eleitas. Elas dirigiram a reunião. O dr. Gruen e o sr. Colbert encontravam-se no palco. Eu estava lá apenas como "civil" e fiquei na plateia. As moças estavam muito orgulhosas de si naquela noite.

No final, transformou-se num caso turbulento. Houve um conflito entre as puritanas e as prostitutas. A polícia conseguiu finalmente forçar sua entrada no salão e interrompeu o encontro.

Olhando de fora, parecia que nós tínhamos "sindicalizado" as prostitutas. Na verdade, foi um dos meus primeiros esforços para aplicar terapia de grupo a um dos mais difíceis problemas da humanidade, o da prostituição [...].

Escrevi na primeira página do meu diário: "Deus é Espontaneidade". Na segunda página, "Se existe Deus, Ele deve ser matemático"; e mais: "A matemática do Universo deve estender-se ao universo social. Uma sociometria deve ser possível". Mas a questão era, e ainda é: como pode a espontaneidade nunca ser presa na rede das medições e previsões se é tão elusiva e contraditória à ideia de constância, a base da ciência mais física? Parecia ser um paradoxo insolúvel. Preocupei-me com isso por muito tempo, desde que visualizei a Divindade como a protagonista do Universo e fiz o primeiro sociograma, o sociograma da Divindade.

O advento da sociometria não pode ser compreendido sem avaliar meu passado pré-sociométrico, tendo em vista o contexto histórico-ideológico do mundo ocidental antes, ao longo e depois da Primeira Guerra Mundial. O marxismo e a psicanálise, dois opostos, tinham cada um deles usado seu entendimento teórico: o marxismo com *O Estado e a revolução*, de Lênin, a psicanálise com a *A civilização e seus descontentamentos*, de Freud. O nacionalismo não tinha nenhuma base teórica rigorosa, mas era, digamos, uma atitude, um estado emocional de reação ao marxismo, à teoria psicanalítica e às tensões do século 20. O marxismo e o freudismo tinham uma característica em comum: ambos rejeitavam a religião, repudiando a ideia de uma comunidade baseada em amor espontâneo, altruísmo e santidade, em bondade positiva e em cooperativismo ingênuo. Coloquei-me contrário a freudianos e marxistas, e do lado da religião positiva. O fato de que a cristandade, o budismo, o judaísmo e outras religiões do passado haviam tido sucesso limitado não provava que o conceito da religião propriamente havia falhado. Meu argumento era o de que a religião devia ser tentada novamente. Uma religião de um novo jeito, com inspirações modificadas e técnicas melhoradas pelos *insights* dados pela ciência, não excluindo de forma nenhuma alguns daqueles elucidados pelo marxismo e pelo freudismo. Minha posição era tríplice:

A espontaneidade e a criatividade são as forças propulsoras do progresso humano, mais além e independentemente da libido e de motivos socioeconômicos [que] em geral são entrelaçados com a espontaneidade-criatividade. Mas [essa proposição] de fato nega que a espontaneidade e a criatividade são apenas uma função e um derivativo da libido ou de motivos socioeconômicos.

1. O amor e o compartilhamento mútuo são princípios de trabalho indispensáveis e poderosos numa vida em grupo. Por isso, é imperativo que tenhamos fé nas intenções de nosso semelhante, uma fé que transcenda a mera obediência originada pela coerção física e legal.

2. Que uma comunidade superdinâmica baseada nesses princípios possa ser criada por meio de novas técnicas [...].

Meus objetivos foram expressos primeiramente na criação da religião do encontro, com meu amigo Chaim Kellmer. Após a Primeira Guerra Mundial, escrevi *The philosophy of the here and now* [A filosofia do aqui e agora] *e As palavras do pai*, que mostram minha posição religiosa. Nunca a abandonei.

Minha filosofia tem sido mal-entendida e desconsiderada em muitos círculos científicos *e* religiosos. Isso não me impediu de continuar a desenvolver técnicas provenientes da minha visão de como o mundo realmente deveria ser estabelecido. É curioso o fato de que esses métodos — sociometria, psicodrama, terapia de grupo —, criados para implementar uma filosofia fundamental de vida subjacente, têm sido universalmente aceitos, enquanto a filosofia é relegada aos cantos escuros das estantes da biblioteca ou de todo esquecida.

Existe uma explicação simples para isso. Em geral se aceita que um cientista tenha dois compartimentos, um para sua religião e o outro para sua ciência, contanto que o cientista seja, como Copérnico, Newton, Kepler, Mendel ou Darwin, físico, químico ou biólogo. Mas existe muito preconceito contra cientistas sociais que tenham dois compartimentos. Entretanto, esses compartimentos podem ser mantidos separados. Na verdade, pode-se fazer uma separação consciensiosa e não deixar uma atividade interferir na outra. Em resumo, o cientista social endossa o jogo de papéis. Devemos acrescentar que a religião positiva que eu propunha era tão contraditória e oposta às religiões oficiais daquele tempo quanto às doutrinas políticas e psicológicas agnósticas então aceitas. Considero que as doutrinas religiosas que sempre mantive, quando removidas de sua casca metafórica, contêm a mais revolucionária semente de todo o meu trabalho.

Cheguei à conclusão de que o próximo passo necessário seria a realização e a concretização de minhas ideias de fato, em vez de ampliá-las intelectualmente. Portanto, continuei sendo um psicodramatista e um desempenhador de papéis. A análise de sistemas das culturas do passado e as declarações sobre o que devia ser feito no dia seguinte eram anticlimáticas. Escrever livros se tornou uma obsessão no mundo todo. Do ponto de vista de uma revolução criativa, o livro é um símbolo de reação, não tanto em termos de conteúdo, mas de forma — o livro como uma conserva do comportamento criativo. Será que Deus iniciaria o mundo escrevendo um livro? Terá Ele começado a criação do mundo escrevendo o Gênese? O que vem primeiro? Como se comportaria Deus se tivesse de recriar o mundo? [...]

A gênese da Divindade fertilizou outra ideia em minha mente. Deus não foi só um *Godplayer* (ator do papel de Deus) no sentido literal. Se Deus tivesse sido somente Deus, um narciso enamorado de si mesmo e com Sua própria expansão, o universo jamais teria existido. Foi porque Ele se tornou "amante" e "criador" que foi capaz de criar o mundo. Se Deus voltasse ao mundo, não viria encarnado como indivíduo, mas como um *grupo*, um coletivo... Que imagem do Universo Deus teve no primeiro dia da criação?

Senti que um dos primeiros planos poderia ter sido uma ordem universal axionormativa do Cosmos. De acordo com isso, formulei duas hipóteses:

1. A hipótese da *proximidade espacial* postula que, quanto mais perto dois indivíduos estão um do outro no espaço, quanto mais trocam atenção e aceitação, mais devem prioritariamente amar um ao outro. A receita seria: não preste atenção aos indivíduos que estão mais longe de você, a menos que já tenha cumprido sua responsabilidade com os mais próximos, e eles com você. "Mais próximos" significa os que vivem mais próximos de você, aqueles que você encontra

primeiro na rua, aqueles que trabalham ou sentam perto de você, aqueles que lhe são apresentados primeiro. A sequência de "proximidade" em espaço estabelece uma ordem precisa de ligações sociais e aceitação; a sequência de dar amor e atenção é assim estritamente preordenada e pré-arranjada conforme um imperativo espacial.

2. A hipótese de *proximidade temporal* postula que a sequência da proximidade no tempo estabelece uma ordem precisa de atenção social e reverência conforme um "imperativo temporal"; em outras palavras, o aqui e agora requer ajuda primeiro. Em seguida, vem o que está além no tempo e no aqui e agora, atrás dele ou à sua frente.

Com essas duas hipóteses, obtive alguns dos ingredientes do sistema sociométrico: as noções de proximidade e de métrica, o amor ao próximo e a ideia do encontro, além dos fatores de espontaneidade e criatividade. Coloco Deus como um supersociometrista, impondo Seu sistema ao Cosmos. Conforme minhas especulações sobre a Divindade e minhas projeções do Seu caráter se aprofundavam, comecei a ver Deus não somente como Aquele que colocou um pouco de Sua espontaneidade e criatividade em todas as partículas do Universo, mas como Aquele que, assim fazendo, criou para Si mesmo inúmeras oposições, a contraespontaneidade de inúmeros seres. Assim, Ele Se fez dependente de cada ser e, devido à enorme distribuição de Sua espontaneidade e criatividade por um espaço infinito, *quase desamparado*. Mas, da mesma forma, tornou a nós e a todos os seres muito mais dependentes Dele do que estaríamos se não fosse por compartilharmos um pouco de Sua iniciativa e responsabilidade. A distribuição de Sua espontaneidade e criatividade O tornou sócio e igual. Ele devia servir, não regular. Ele devia coexistir, cocriar e coproduzir. Esse modelo da Divindade, o "olho objetivo de Deus", foi uma excelente base para aquilo que o pesquisador sociométrico pudesse construir [...].

5. O CURSO DE MEDICINA E A PRIMEIRA GUERRA MUNDIAL

Ao completar o ensino médio, entrei na Universidade de Viena. A formação de médico naquele tempo levava de oito a nove anos. Os três primeiros anos eram uma combinação de curso de Artes e Ciências. Após passar por uma série de exames, a *rigorosa*, matriculei-me e fui aceito na Escola de Medicina. A educação médica consistia em conferências, demonstrações e trabalhos em laboratório. Freud, por exemplo, nunca tratou de um paciente no curso médico. Cada especialidade era avaliada por uma série de exames, novamente chamados de *rigorosa*, pelos quais se deveria passar antes da obtenção de grau médio. Poder-se-ia adiar a *rigorosa* até o final do curso de Medicina, como fez Freud, ou fazer cada exame conforme se terminava cada curso, como eu fiz.

Minha educação médica foi diferente da maior parte de meus colegas pelo fato de que me era permitido passar a metade do tempo em trabalho clínico prático. Fiz plantões em todas as clínicas. Isso me possibilitou a prática logo que me formei, o que não acontecia com a maioria dos estudantes.

Um de meus primeiros plantões clínicos foi no serviço psiquiátrico da Clínica Wagner von Jauregg, em Lazarettgasse. Wagner von Jauregg foi um renomado médico, um pesquisador. Ganhou o prêmio Nobel pela sua malarioterapia para paralisia cerebral provocada pela sífilis. Ele não era realmente psiquiatra, mas um neurologista interessado somente no lado físico da psiquiatria. Isso ia ao encontro do pensamento psiquiátrico predominante naqueles dias.

O sistema kraepeliniano de classificação psiquiátrica estava em ascendência.

Kraepelin coletou e publicou milhares de estudos de casos, que lhe possibilitaram desenvolver um excelente quadro geral dos padrões de doenças mentais. Kraepelin não estava interessado *no que* um doente mental pensava, mas somente em *como* pensava. Ele não se importava com o caráter do paciente, mas com o fenômeno clínico. Não considerava necessário entender a doença mental, só ser capaz de classificá-la. Certas entidades nosológicas eram tidas como curáveis, outras como incuráveis. A doença mental era uma entidade separada; a saúde mental, um estado evidente por si só, não valendo a pena estudá-lo. O curso e o resultado da doença mental eram predeterminados [...].

Von Jauregg era uma alma independente, com tendência a seguir seu próprio caminho, mas sua atitude era, em essência, kraepeliniana. Ele era um aristocrata cuja maneira distante e superior o colocava num plano bem afastado dos que trabalhavam com ele. Além do mais, era um conferencista enfadonho que fazia seus estudantes dormirem. Seus pacientes tinham pavor dele. Grande e forte, ele os agarrava pelo braço num golpe de lutador. Em segredo, era campeão de luta livre. Certa vez, usando uma máscara, foi a uma peleja em que o campeão russo de luta romana naquela ocasião o desafiara. Von Jauregg ganhou a contenda, resolveu manter o anonimato e depois disso foi mistificado pelos fãs de luta livre vienenses por vários anos.

O clínico-chefe de von Jauregg, o dr. Otto Pötzl, foi quem me contou o caso. Somente Pötzl e eu sabíamos disso. Pötzl era o oposto de von Jauregg. Afetuoso e extrovertido, ele sempre contava piadas. Os estudantes lotavam suas palestras quase tanto por seu repertório de piadas judias (ele não era judeu) como por seu conhecimento, grande e profundo, e por seu pensamento, sistemático e agudo. Sua especialidade era a neuropatologia, sobretudo a patologia do cérebro.

Seu sucesso no mundo acadêmico foi extraordinariamente rápido. Apenas 13 anos mais velho que eu,ele já era o segundo no comando da Clínica von Jauregg. Ele de fato mandava no lugar.Von Jauregg, imerso em sua pesquisa, era um administrador figurativo. Pötzl chefiava uma clínica universitária de Praga antes de vir a Viena. Mais tarde, sucedeu von Jauregg.

Filho de um grande jornalista, o editor do *Freie Presse* de Viena, Pötzl tinha grande apreço por poesia e literatura, o que pode ter despertado seu interesse por mim. Desenvolvemos uma maravilhosa amizade e ele sempre me ajudou muito. Estava interessado no círculo *Daimon* e acompanhou o desenvolvimento da revista, que começou em 1918. Entretanto, nunca entendeu completamente o seu objetivo, e não éramos íntimos o bastante para que eu pudesse discutir minhas ideias sobre a Divindade e o Cosmos. Naqueles tempos, os estudantes não tinham tais relacionamentos com seus professores. O professor ensinava os alunos. Não se achava que um aluno ou um assistente pudesse "ensinar" alguma coisa a seus professores. Pötzl tinha a capacidade, que somente um grande professor pode ter, de compartilhar conosco sua mente excepcionalmente sagaz e lógica. Pötzl ensinava seus alunos a pensar.

Ele era um grande admirador de Freud e tinha um notável e profundo *insight* de suas ideias. Para mim, sempre foi um mistério como ele foi capaz de manter-se fiel às crenças de Freud e ainda assim trabalhar com von Jauregg. Este odiava Freud tão fortemente que proibia qualquer freudiano conhecido de sequer visitar sua clínica. Alfred Adler, por exemplo, tinha a entrada proibida.Von Jauregg nunca perdia a oportunidade de desacreditar e denegrir Freud e seus seguidores, não importando quão insignificantes eles fossem.

Uma de minhas primeiras experiências na Clínica von Jauregg se deu com uma jovem belíssima que viera para uma avaliação diagnóstica. Não estava claro se ela sofria de histeria ou de esclerose múltipla. Seu médico, dr. Redlich, foi um dos maiores diagnosticadores que conheci. Era capaz de diferenciar a histeria da esclerose múltipla somente pelo pulso do paciente, ou pelo menos era o que me parecia. A jovem senhora ocupava um quarto particular. Foram prescritos remédios a ser ministrados por via intramuscular. Eu deveria aplicar-lhe a injeção. Lá estava eu, no seu quarto particular, sozinho com ela, as belas nádegas alvas brilhando à luz do sol. Podia fazer o que bem quisesse. Ninguém sabia que eu nunca aplicara uma injeção antes. Enfiei a agulha em sua carne deliciosa. Acho que era sua nádega direita. Infelizmente, a agulha quebrou e ficou enterrada nela. Tive de relatar que havia perdido a agulha. Tiraram uma radiografia, o cirurgião operou-a e retirou a agulha, e nós a colocamos em nosso museu de curiosidades da clínica.

No dia seguinte, desculpei-me profusamente com a mulher. De forma curiosa, ela desenvolveu sentimentos afetuosos para comigo. Disse que, de qualquer maneira, havia sido uma ótima experiência para ela. Foi até onde chegamos em nosso relacionamento, tendo ela permanecido entre as mulheres mais amorosas que jamais conheci. De qualquer modo, ela se recuperou muito bem, deixou a clínica e casou-se.

Com certeza lá eu não era um herói, mas simplesmente um estudante de Medicina sem experiência.

No segundo ano da faculdade, fui indicado para ser assistente de pesquisas da clínica, sob a responsabilidade de Pötzl. Ajudava-o no seu estudo dos sonhos dos alcoólatras. Pötzl pensava que podia diagnosticar várias condições neurológicas comuns aos alcoólatras com o estudo da estrutura de seus sonhos. E assim foi. Quando os resultados de seu estudo foram publicados, Pötzl incluiu meu nome como coautor. Era a primeira vez que meu nome aparecia ligado a um trabalho de pesquisa científica. Depois disso, ele mencionou meu nome com frequência em suas outras publicações. Foi uma atitude muito generosa de Pötzl, não sendo prática comum nos círculos científicos. Ao contrário, não era raro que os chefes de pesquisa assumissem o crédito por trabalhos feitos em seus departamentos, apesar de nem sequer ter tocado neles [...].

Em 1912, assisti a uma conferência de Freud. Ele encerrara a análise de um sonho telepático. Enquanto os estudantes saíam, ele me tirou do grupo e perguntou o que eu estava fazendo. Respondi: "Bem, dr. Freud, eu começo onde o senhor termina. O senhor encontra as pessoas no ambiente artificial do seu consultório. O senhor analisa os sonhos delas. Eu lhes dou coragem para sonhar de novo. O senhor as analisa e as faz em pedaços. Eu as faço atuar seus papéis conflitantes e ajudo-as a reunir seus pedaços".

Quando relembro esse encontro, o que me chama primeiro a atenção é a nossa diferença de idade. Eu tinha pouco mais de 20, minha capacidade produtiva estava apenas começando. Freud tinha 56 anos, no ápice de sua produtividade. Ambos usávamos barba. A minha era de um loiro-avermelhado e crescia naturalmente, pois jamais a havia raspado nem aparado, era uma parte natural, um órgão natural do meu corpo. Era como a minha amígdala ou o meu apêndice. Tampouco encontrei motivo para retirá-los. Freud estava, por outro lado, com a barba bem cuidada. Era grisalha e pequena, uma barba "social".

Havia um elemento intrigante em nosso encontro, apesar de não expresso em palavras. Era natural para Freud, acredito eu, procurar novos discípulos. O fato de ele me escolher não era tão incomum, já que gozava de boa reputação na comunidade universitária naquela época e era uma figura facilmente reconhecível pelo meu manto. Também era característico de um jovem impetuoso pensar que podia convencer alguém mais velho a aceitar seu ponto de vista, embora esse alguém mais velho fosse famoso, bem estabelecido, dono de uma mente altamente organizada e com total comprometimento com seu próprio sistema. Mas, estruturando tudo isso, havia um fator do qual ambos, Freud e eu, não tínhamos consciência. Exceto pela minha filiação biológica, eu nunca consegui ser um "filho" para ninguém. Nos meus primeiros anos de vida, tentei e consegui me tornar "pai" muito cedo. Apesar de jovem, fui tão insubordinado quanto Freud. Ambos éramos "pais" mandões — no meu caso, em potencial.

Era como se o chefe desconhecido de uma tribo da África travasse conhecimento com o rei da Inglaterra. Da mesma forma, era um pai contra outro. Naquela época, o reino de Freud era maior do que o meu, mas ambos estávamos no mesmo planeta.

Meu interesse pela psiquiatria jamais cessou, mas a psicanálise e a psiquiatria kraepeliniana me davam arrepios. Percebi mais tarde que minha briga não era tanto com a malarioterapia de Wagner von Jauregg nem com o sistema psicanalítico de Freud. Minha briga era com seu comportamento de "atores" terapêuticos. Eu não acreditava que um grande curador ou terapeuta pareceria e agiria da forma como faziam von Jauregg e Freud. Eu visualizava o curador como um protagonista criativo, espontâneo, no meio do grupo. Meu conceito de médico como um curador e os conceitos apresentados por Freud e von Jauregg eram muito diferentes. Na minha visão, pessoas como Jesus, Buda, Sócrates e Gandhi eram os verdadeiros médicos e curadores. Freud os teria provavelmente classificado como pacientes. Devemos lembrar que a psicanálise nasceu no mundo neuropsiquiátrico de Charcot e Breuer, enquanto as origens de meu trabalho vêm das religiões primitivas, e meu objetivo era a promulgação de uma nova ordem cultural e social [...].

Tive outro encontro importante durante minha trajetória universitária — quando Albert Einstein fez uma curta visita a Viena para acertar seu *status* com o Ministério da Educação austro-húngaro, a fim de assumir um cargo em Praga. Enquanto esteve em Viena, ele fez algumas conferências no Instituto de Física. Eu me inscrevi nelas. Em 1911, Einstein era muito conhecido e respeitado na comunidade científica, mas ainda desconhecido mundialmente. Tinha uns 32 anos então. Eu tinha 21.

Fiquei particularmente impressionado pela capacidade de Einstein de visualizar o Cosmos amplamente. Olhando para o Universo, ele ficou empolgado com a ideia de Deus. Ele não era somente físico, mas também teólogo. Disse-nos: "Vocês sabem, Deus não joga dados com o Universo". Einstein estava convencido, ao olhar para o

Cosmos como uma entidade composta de forças ativas, de que podia descobrir as leis gerais que a regulavam. Ao penetrar no Cosmos apenas com sua intuição, ele fez descobertas das quais nenhum homem antes dele tinha sequer se aproximado. Nunca esqueci meu breve encontro com ele nem as declarações que fez à nossa classe.

Antes de eu terminar o curso de Medicina, irrompeu a Primeira Guerra Mundial. A guerra trouxe muitas mudanças em minha vida. Quando ela começou, eu era um profeta, um líder religioso. Quando terminou, eu era um autor publicado (apesar de anonimamente), o autor de poesia religiosa, o líder de um grupo literário existencialista. A primeira parte do meu *Invitation to an encounter* [Convite a um encontro] foi escrita na primavera de 1914. Era livremente baseada no "Homo juvenis", discurso que eu proferira numa assembleia juvenil em 1912. Minha inspiração imediata para escrevê-lo foi, entretanto, o surgimento da guerra na primavera de 1914 [...].

A guerra esvaziou o movimento da religião do encontro. Feda voltou para Praga; Andreas Peto, para Budapeste, onde começou a trabalhar com crianças com necessidades especiais e portadoras de lesões cerebrais. Anos mais tarde, ele foi chamado de "Doutor Milagre" pela forma como reabilitava tantos pacientes, mesmo os considerados irremediavelmente inválidos. Existe uma clínica em Budapeste que traz seu nome, e seu trabalho continua a ser feito por seus alunos.

A guerra teve um efeito redutor em meus êxtases religiosos. Quer o motivo tenha sido a debandada de um círculo íntimo de entusiastas, quer a morte de meu amigo Chaim, houve de minha parte uma transformação gradual para uma conduta mais normal durante os anos de conflito.

Apresentei-me como voluntário para o serviço militar em 1914, mas não me aceitaram devido à minha cidadania confusa. Entretanto, como estudante de Medicina adiantado, com considerável experiência clínica, fui contratado pelo governo como médico de campanha. O salário era alto, quase 1.000 florins por mês. Pela primeira vez na vida tive muito dinheiro. Pedi licença da escola e me coloquei à disposição do governo.

Minha primeira atribuição foi em Mittendorf, um campo de refugiados que ficava a 15 minutos de trem de Viena. A população do campo consistia em sua maioria de habitantes austríacos que falavam italiano, vindos de uma área de cultivo de vinho no Tirol do Sul, que tinham sido enviados para lá pelo governo. A fundamentação para o envio ao campo era dupla. Primeiro, os tiroleses estavam em Mittendorf para se proteger do exército italiano, que avançava pelas montanhas. Segundo, o governo não confiava inteiramente nos súditos de língua italiana para conter os invasores. O movimento Itália Irredenta estava ativo naquele momento, clamando pela anexação de Trento e Trieste à Itália. A situação análoga mais próxima de que posso me lembrar é a confinação de milhares de nipo-americanos que viviam na costa do Pacífico durante a Segunda Guerra Mundial.

Assim, uma população inteira foi confinada perto de Viena durante a guerra. As pessoas não eram livres para sair do campo: era realmente uma prisão. Quando cheguei, em 1915, mais de dez mil pessoas lá viviam, na maioria idosos, mulheres e crianças. Na verdade, nunca encontrei, nos primeiros tempos do conflito, alguém que não fosse súdito leal do imperador. Eram, porém, orgulhosos de sua origem italiana. A comunidade consistia em habitações térreas, cada uma abrigando diversas famílias. Na chefia de cada grupo havia um *capo di baracca*, homem responsável pelo bem-estar de seu grupo. No geral, o campo era governado pela polícia alemã, homens severos, às vezes rudes ou opressores em seu relacionamento com os tiroleses mais delicados, de temperamento latino. Os alemães não se mostravam tímidos ao expressar seu desprezo "ariano" pelos italianos [...].

À primeira vista, o campo parecia bem organizado. Na realidade, era uma comunidade confusa, mas extremamente estratificada. O governo providenciou casas e outras estruturas, uma igreja, uma escola, um hospital e uma delegacia para garantir as necessidades mínimas de uma comunidade. O campo foi instalado em 1914. Seis meses depois, uma fábrica de sapatos com dois mil operários foi transferida para o campo a fim de prover oportunidades de emprego. Isso provocou uma revolução. O pessoal da fábrica de sapatos se considerava num plano superior ao dos refugiados camponeses, mantendo-se afastado deles. Tinham um delegado separado, outras instalações — tudo separado. Mais tarde, alguns refugiados camponeses foram contratados para trabalhar na fábrica. Mas a chegada da fábrica superlotou o campo e colocou em outro nível os refugiados originais, que estavam na base da escala social e eram preteridos quando se fazia a escolha dos escassos bens, como mantimentos e roupas.

Desenvolveu-se uma vida comunitária completa. Passo a passo, surgiram as instituições. O governo gastou muito dinheiro para prover o campo com todo o necessário para tornar a vida possível. Felizmente, o bispo de Trento veio junto com seu povo. Trouxe com ele padres e freiras. Aqueles atuavam como padres de paróquia, lidavam com os negócios da igreja; alguns ensinavam na escola. As freiras também ensinavam e cuidavam dos doentes. O bispo era um homem gigantesco que tinha completa confiança e lealdade de seu rebanho. Trabalhei intimamente com ele em Mittendorf e, mesmo agora, quase 60 anos depois, ainda fico impressionado com sua devoção, seus esforços incessantes para melhorar a vida de seu povo. Era um verdadeiro santo.

Outra personalidade extraordinária que influenciou o desenvolvimento do campo foi o psicólogo clínico Feruccio Bannizoni. Ele era, por assim dizer, um "estudante incompleto", um homem que tinha feito apenas metade do curso universitário. Devido às condições da Itália, ele se estabelecera como psicólogo sem mais instrução do que aquela. Estava sempre estudando por si mesmo, um autodidata [...]. Feruccio era funcionário da administração do campo, membro de um círculo especial. Estava lá desde o começo, em 1914, e funcionava como mediador entre a administração e os refugiados, os funcionários da fábrica e os refugiados, os trabalhadores e os diretores da fábrica.

As pessoas lhe traziam seus problemas e ele procurava solucioná-los da melhor forma. Atualmente, nós o chamaríamos de *ombudsman*. Ele me passou muitas informações sobre as várias facções no campo, o que foi de grande valor quando comecei meus primeiros experimentos sociométricos lá.

Feruccio tinha algumas ligações com Pirandello, por intermédio de um amigo, e ficou interessado no círculo *Daimon*, que estava apenas começando a se formar. Foi comigo algumas vezes aos cafés de Viena. Contou sobre meu trabalho a Pirandello e anos mais tarde atribuí-me o crédito de ter tido forte influência nas peças deste último.

Ao estabelecer o campo, o governo estava preocupado com três problemas que se refletiam no planejamento: segurança contra o ataque inimigo, sanitarismo e subsistência. O planejamento social ou psicológico nunca foi considerado, nem mesmo concebido naquele tempo, apesar de haver grandes administradores que fizeram o planejamento "sociométrico" por intuição. Fui incluído num comitê que supervisionaria os problemas sanitários no campo. Nessa posição e, mais tarde, como superintendente do hospital infantil, tive a oportunidade de estudar a comunidade desde seus primeiros dias até sua dissolução no final da guerra [...].

A estrutura do campo deu início à mais forte corrupção que já testemunhei. Era uma verdadeira Sodoma e Gomorra. Havia um enorme mercado negro, é claro. Particularmente, o abuso de mulheres era intenso — tantos abortos e gravidezes ilícitos! A polícia alemã era a pior nesse aspecto. Eram homens vulgares e rudes. As jovens italianas eram muito orgulhosas. Elas desprezavam a polícia, que, de um lado, mantinha a ordem no campo de forma deveras repressiva e, de outro, abusava delas da maneira mais debochada. É interessante que eu não tenha sido levado pela onda de nacionalismo italiano provocado pelo comportamento dos policiais, pois como médico dos refugiados sentia-me solidário ao sofrimento das mulheres e comecei a identificar-me cada vez mais com os tiroleses, aprendendo sua língua como um nativo e igualmente mergulhando na vida deles [...].

Estudei as correntes psicológicas que se desenvolviam ao redor dos vários elementos da vida comunitária: nacionalidade, política, sexo, chefia *versus* refugiados etc. Considerava que a disjunção desses elementos era a fonte principal dos mais flagrantes sintomas de desajustamento que testemunhei no campo. Foi com essa experiência que a ideia do planejamento sociométrico de comunidades me ocorreu. Em fevereiro de 1916, escrevi a seguinte carta ao ministro do Interior austro-húngaro, *Herr* Regierungsrat Winter:

> Os sentimentos positivos e negativos que emergem de cada casa, entre as casas, de cada fábrica e de cada grupo político e nacional na comunidade podem ser explorados por meio da análise sociométrica. Uma nova ordem, por intermédio de métodos sociométricos, é aqui recomendada.

Herr Winter, que mais tarde se tornou grande amigo meu, recebeu minha ideia favoravelmente e prometeu que eu poderia colocar minha teoria em prática.

Usando os métodos da sociometria, ainda que de maneira muito primitiva, transferi famílias de lugar baseando-me em suas afinidades mútuas. Assim, a forma básica pela qual a comunidade estava organizada foi mudada para melhor. Minha teoria foi confirmada pelo fato de que, quando as pessoas puderam viver com aquelas por quem sentiam empatia, tendiam a ser cooperativas entre si, tendo os sinais de desajustamento diminuído tanto em número como em intensidade. Também reformulamos os grupos de trabalho nas fábricas sempre que possível, para criar maior harmonia e produtividade entre os operários.

A polícia germânica continuava a atrapalhar nosso trabalho. Eles saboreavam seu poder absoluto de administrar o campo. Eu recebia um sem-número de queixas sobre abusos policiais. Escrevi muitas cartas ao Ministério do Interior tentando fazer que o governo disciplinasse a polícia. Felizmente, o Ministério removeu ou transferiu alguns dos piores, o que teve o efeito de moderar os outros, pelo menos por algum tempo.

Apesar de meus esforços de amenizar alguns dos piores problemas do campo, Mittendorf nunca se tornou uma utopia. Continuava a haver fome, doença, corrupção, abuso de pessoas inocentes. Havia tanta gente maravilhosa, que tinha de sofrer e *"não tinha outra alternativa"*. Talvez, de tudo isso, essa fosse a pior parte. Pelo menos, sempre que as coisas se tornavam demasiado difíceis para mim, eu podia ir a Viena à tarde e relaxar em um dos cafés, mas para eles não havia escapatória [...].

No final da guerra, os tiroleses voltaram para casa, leais ao Império Austro-Húngaro. Grande parte do Tirol foi cedida à Itália no fim do conflito. O bispo tentou conseguir que todos voltassem ao Tirol, mas muitos deles dirigiram-se para a Itália. Feruccio, por exemplo, foi para Roma e se tornou diretor do Instituto de Psicologia. Eu continuei a receber cartas de todos os lugares da Itália em que se assentaram os refugiados após a guerra.

Nunca esquecerei o dia em que voltaram para casa, recém-criados cidadãos italianos. As mulheres e as crianças vestidas em trajes festivos que haviam sido amorosamente preservados, apesar da escassez dos anos de guerra. Marcharam para fora do campo, peito para a frente, cheios de alegria, cantando suas belas canções italianas. Uma parte de mim queria ir com eles [...].

Após quase dois anos em Mittendorf, fui transferido para a Žilina, um campo na Hungria. Ajudei o dr. Wragasy, cirurgião de "cérebro" de Budapeste. A designação pretensa de cirurgião de cérebro do dr. Wragasy surgiu porque ele tinha desenvolvido um tratamento-padrão para muitas doenças diferentes. Este consistia em trepanação[18] do crânio e aplicação de iodo no tecido exposto do cérebro. O dr. Wragasy realmente acreditava que esse tratamento era indicado e que ajudava os pacientes. Mas naturalmente as consequências de

---

18. Furo. [N. E.]

abrir o crânio acabavam causando septicemia[19] cerebral em alguns, se não na maioria dos casos. Assim, muitos homens morreram por culpa do dr. Wragasy. Minha reação imediata a essa técnica foi considerá-la bárbara e sádica.

Os métodos do dr. Wragasy abriram meus olhos para a natureza do poder, pois ele era o chefe principal do campo e todos tinham de concordar com ele. Era impossível para qualquer um de nós demovê--lo de seus métodos de tratamento ou fazê-lo modificá-los [...].

Mais tarde, descobri que o poder que o dr. Wragasy usava era o traço típico da maioria das instituições, não só dos hospitais e instalações militares. Mas, como o hospital é um lugar onde as pessoas se recuperam ou morrem, a política e a estrutura de poder deles é um assunto muito mais dramático e urgente do que o é na escola, na igreja ou na fábrica.

Nunca pude entender como o dr. Wragasy chegara à sua panaceia peculiar. Ele era, na maior parte dos aspectos, um homem racional. Nunca compreendi como ele foi capaz de se ater à sua técnica venenosa em face de tanta mortalidade entre seus pacientes. Seu irmão era um médico especialista em doenças internas competente e bastante respeitado em Budapeste, fato que tornava o meu entendimento ainda mais difícil.

Alguns anos mais tarde o dr. Baranyi, prêmio Nobel, afirmou claramente que a trepanação do crânio era um procedimento cirúrgico perigoso que deveria ser usado apenas quando absolutamente necessário — para remover um tumor do cérebro, por exemplo. Portanto, a prática deve ter sido bastante comum, já que um médico tão famoso prestou atenção nela [...].

Žilina tinha sua parte de refugiados. Era costume colocar os refugiados recém-chegados em rigorosa quarentena, para prevenir a disseminação de doenças infecciosas. Tive de examinar certo grupo formado por uma aldeia inteira de judeus ortodoxos que haviam

---

19. Termo médico que se refere a infecção generalizada. [N. E.]

fugido do inimigo. Eles chegaram ao campo cheios de sujeira e vermes. Dei ordens estritas para que o cabelo e a barba de todos fossem raspados. Naqueles dias, essa era a forma garantida de se livrar dos piolhos. Na Primeira Guerra Mundial, mais gente morreu de tifo e de outras doenças oriundas de insetos do que de ferimentos. Era urgente que se barbeassem.

O supervisor da área de detenção me procurou tremendo de raiva. As pessoas estavam sendo teimosas e não queriam obedecer às minhas ordens. Fiquei irritado e disse-lhe para trazer-me alguns dos insensatos que estavam pondo em perigo a saúde do campo inteiro. Finalmente, ouvi uma batida na porta. Entraram três velhos, os mais idosos da aldeia, indicados para apresentar-me seu caso.

"Por que não deixam que façam sua barba?", perguntei-lhes asperamente.

O mais velho dos três, o rabino-chefe, respondeu: "Nossa religião o proíbe. Mas, doutor, permita-me a pergunta, por que o senhor ainda usa barba? Ou será que sua barba é mais sagrada ante Deus que a nossa?"

"Bem", eu disse, alisando a barba loura no meu queixo, minha barba de profeta, "vocês estão enganados. Não tenho barba. Não há cabelo no meu queixo. Abram os olhos."

Eles não sabiam o que me dizer e responderam envergonhados: "Sim, doutor, somente agora nós vemos. O senhor não tem barba". Antes de deixarem minha sala, os três prometeram fazer o que eu lhes pedira.

Na manhã seguinte, o supervisor tornou a procurar-me, dessa vez desesperado: "Não posso fazer nada com essa gente. Nenhum deles fez a barba".

Chamei os três velhos à minha sala e falei zangado: "Que senso de honra vocês têm? Ontem prometeram seguir minhas ordens, mas continuam de barba".

"Caro doutor", disse o mais velho, "nós não temos mais barba. O senhor está enganado. Abra os olhos!"

E, com grande prazer, os olhos brilhando com riso reprimido, eles alisaram a barba que caía no peito. Eu os dispensei sem comentário. Naquele mesmo dia, chamei o barbeiro. Ele me barbeou. Na manhã seguinte convoquei os três velhos novamente. Quando eles me viram, exclamaram espantados: "Doutor, o senhor mandou raspar a barba! Por quê?"

"Quietos", respondi, sério. "Eu lhes disse que não tinha barba. Agora vocês podem se convencer disso."

Naquela noite, nenhum dos homens nas barracas de quarentena continuava de barba.

Pouco depois desse incidente, voltei para Viena, sem barba, com dinheiro no bolso. Tinha economizado a maior parte dos meus ganhos e estava determinado a terminar a faculdade e obter minha graduação de médico o mais depressa possível. Pela primeira vez em minha vida tinha muito dinheiro. Além disso, em consequência de ter trabalhado como médico na guerra, meu *status* no mundo estava mais alto. Ironicamente, agora que eu era um exemplo do que minha família mais admirava, tornei-me cada vez mais um estranho para eles, mais do que nunca. Fazia meu trabalho na faculdade, ia para casa, ficava em meu quarto, pouco falando com meus familiares durante dias, às vezes até por semanas [...].

Em fevereiro de 1917, recebi meu diploma de médico pela Universidade de Viena. Minha mãe veio para a cerimônia simples da entrega. Meu diploma médico foi um dos últimos a ser assinados pelo imperador Francisco José.

O reitor da Faculdade de Medicina, professor Hans Horst Meyer, prêmio Nobel em Química, cumprimentou minha mãe afetuosamente. Disse a ela: "*Ihr Sohn ist ein grosses Genie. Er hat eine grosse Zukunft*" (Seu filho é um grande gênio. Ele tem um grande futuro). Minha mãe ficou confusa e contente. Ela voltou ao apartamento em Viena sentindo-se recompensada por todos os anos de trabalho e sacrifício que me dedicara [...].

6. VIENA PÓS-GUERRA: *DAIMON* E O TEATRO DA ESPONTANEIDADE

Enquanto ainda estava morando em Mittendorf, passei grande parte do meu tempo livre em Viena, no Café Museum e no Café Herrenhof. Os cafés eram locais de encontro para intelectuais e artistas de toda classe. Cada café tinha uma clientela diferente. De início, eu conhecia poucos frequentadores do Café Museum, mas depois desenvolvi um círculo de conhecidos. O conhecimento transformou-se em amizade e alguns de nós nos tornamos trabalhadores. Havia uma mesa reservada para o nosso grupo no Café Museum. Essa era a prática comum na maioria dos cafés. Havia outros grupos no Museum. Nós geralmente nos encontrávamos uma vez por semana, mas não eram raros encontros espontâneos entre os encontros semanais. Em geral, os cafés atendiam a sociedade masculina.

Foi no Café Museum que conheci Martin Buber, Arthur Schnitzler — escritor de comédias com ar filosófico e participante assíduo no teatro da espontaneidade —, Jacob Wassermann, romancista ao estilo de Dostoievski, Robert Musil, Franz Lehar e muitos outros que vieram a se tornar importantes para mim.

Não demorou muito para eu pensar em publicar um jornal mensal de filosofia existencialista: *Daimon*, em homenagem ao *daimon* socrático, foi publicado pela primeira vez em fevereiro de 1918. Fui o editor-chefe, e E. A. Rheinhardt o editor executivo. O primeiro número reuniu artigos, histórias e poemas de Otokar Březina, o poeta tcheco; Max Brod, amigo íntimo de Kafka; Francis Jammes; Paul

Kornfeld; E. A. Rheinhardt; Friedrich Schnack, poeta que morava em Istambul; Jakob Wasserman; Ernst Weiss; Franz Werfel; Alfred Wolfenstein; A. P. Gütersloh, pintor e poeta de Salzburgo; e eu mesmo, sob o nome de Jakob Moreno Levy. Republicamos um breve ensaio de Blaise Pascal, datado de 1654, "L'Amulette mystique". Nossa primeira editora foi a Brüder Suschitzky, de Viena.

Em 1919, *Der Neue Daimon* foi publicado pela Genossenschafts, que também editava os livros de Alfred Adler, Albert Ehrenstein e Fritz Lampl. Em 1920, trocamos o nome do jornal para *Die Gefährten*. Não havia razão filosófica profunda para a troca de nome. Expandimos nosso círculo e, já que *Die Gefährten* queria dizer "os associados", fizemos justiça ao grupo inteiro. Além dos autores já citados, publicamos trabalhos de Franz Blei; Ernst Bloch, compositor e filósofo de música; Martin Buber; Paul Claudel; Nicolau de Cusa, filósofo renascentista; Otto Stoessl; e Georg Kaiser, precursor de Bertolt Brecht. Kaiser escreveu a famosa peça *Gas*, que teve profunda influência nos trabalhos posteriores de Brecht.

Todas as cidades grandes têm lugares como o Museum e o Herrenhof. Mas Viena, nos anos 1920, era um dos locais mais animados da terra para intelectuais e artistas. (O leitor interessado pode consultar Allan Janik e Stephen Toulmin, *Wittgenstein's Vienna*, Nova York, Simon and Schuster, 1973.) Muitos se tornaram mundialmente famosos mais tarde. A maioria do círculo *Daimon* era mais velha do que eu, e alguns já bem conhecidos.

Apesar de ter tido centenas de contatos por intermédio do círculo *Daimon*, poucos eram meus íntimos. Franz Werfel foi um dos meus melhores amigos. Partilhávamos de interesses comuns. Sua poesia se apoiava na mesma filosofia que eu adotara. Os poemas tinham um caráter religioso que não fazia o meu estilo, mas seu ritmo me cativava. Havia entre nós uma afinidade natural. Eu era muito mais intelectual na minha abordagem de vida do que ele. Minha condição heroico-messiânica o atraía. Encontramo-nos primeiro nos cafés e, mais tarde, trabalhamos juntos no teatro da espontaneidade.

Werfel era filho de pais abastados. Tinha uma visão de vida bem-humorada e sólida formação. Tocava violino. Nunca me interessei por música, mas Franz era um fanático, um *connaisseur*, um patrono da música. Casou-se com a viúva de Gustav Mahler.

Seu casamento não afetou nossa amizade. A sra. Werfel era uma mulher brilhante, interessante, bastante envolvida no movimento pelos direitos femininos. Fora muito apaixonada por Mahler e dedicada à sua memória, mas, como também era dedicada a Franz, tudo estava ótimo. A sra. Werfel era católica devota e Franz era judeu.

O livro mais conhecido de Franz é *A canção de Bernadette*, tema meio esquisito para um escritor judeu, mas ele também se interessava por assuntos esotéricos e experiências místicas. Franz e eu renovamos nossa amizade quando ele veio a Hollywood para trabalhar no roteiro de *A canção de Bernadette* [...].

Talvez a filosofia política mais popular entre os intelectuais e os artistas tenha sido o marxismo. Gustav Landatier escreveu um conhecido livro sobre história e política. Os nazistas o mataram. Hugo Sonnenschein, o poeta, tornou-se comunista e foi para a Rússia. Ernst Toller, poeta e teatrólogo, também era comunista. Não morreu como tantos outros comunistas importantes daquela época — expurgado por Stálin ou assassinado pelos nazistas. Toller era um líder muito conhecido e foi o mentor do golpe comunista em Munique que precedeu o famoso golpe da cervejaria feito por Hitler. Toller tinha cerca de 30 anos quando o conheci. Era um homem bonito, emotivo. Finalmente veio para Nova York no fim da década de 1930, quando se apaixonou por uma jovem de 16 anos e a seguiu por quase todo lugar a que ela ia. Toller ficou literalmente louco por ela, ainda que ela nada quisesse com ele. Falava sobre suicídio às vezes, mas ninguém acreditava que tivesse coragem de dar cabo de si. Amigos mútuos o aconselharam a consultar-me em Beacon (Nova York), mas no dia em que eu o esperava em minha clínica soube que ele tinha se atirado pela janela.

Max Brod estava no centro de um grande grupo de *literati* tchecos que incluía Robert Musil e Otokar Březina. O mais famoso de seus amigos era Franz Kafka, que fazia parte do nosso círculo maior, por sua amizade com Brod...

Provocamos um bafafá com Franz Blei, escritor teológico de Berlim. Ele fabricou um novo evangelho, supostamente escrito por um grego cristão, Apolônio. Quando o publicamos, causou sensação. Fiquei bastante zangado com Blei por nos ter enganado. Ele já estava com raiva de mim porque pensava que eu me apaixonara por sua namorada.

Peter Altenberg era bem mais velho do que eu. Eu o admirava. Seus poemas ainda estão entre meus favoritos. Guardo seus *Collected works* perto de mim para lê-los sempre que tenho vontade. Altenberg era uma famosa figura em Viena. Amava mulheres e crianças — não sexualmente. De todas as pessoas que conheci na época, ele era um dos mais talentosos. Morreu em estupor alcoólico.

Martin Buber era outro membro extremamente talentoso de nosso círculo. Seu livro sobre chassidismo, *Baal Shem*, ganhou o prêmio Goethe. Buber foi editor-assistente do *Daimon* durante um tempo. Seu mais famoso livro, *Eu e tu*, foi publicado em 1923, nove anos após meu *Invitation to an encounter* [Convite ao encontro]. Buber muitas vezes recebeu crédito pelo conceito do encontro como foco para o estudo de relações interpessoais. Porém, ele claramente tomou de mim a "ideia do encontro" e elaborou-a em seu livro. Como ele era 12 anos mais velho que eu e tinha muitos seguidores literários, *Eu e tu* impediu a notoriedade de *Invitation to an encounter*. Não desejo com isso inferir que Buber e eu tivemos qualquer conflito sobre o que aconteceu. Ele era um grande cavalheiro, com maneiras muito delicadas e cordiais. Em 1938, foi morar em Jerusalém, onde faleceu em 1965 [...].

Ao mesmo tempo, conforme meus livros iam sendo publicados, eu me envolvia com o estabelecimento do *Stegreiftheater*, o Teatro da Espontaneidade, em Viena.

Certa noite, em 1911, entramos num teatro em Viena quando ia começar uma peça. Encaminhamo-nos para a primeira fileira e nos sentamos. O resto da plateia estava já num fascínio hipnótico com a peça *Assim falou Zaratustra* . Nossa intenção era a de acordar os atores e os espectadores de seu "sono histriônico". Acusamos o ator que fazia o papel de Zaratustra de não interpretar bem. Queríamos chamar a atenção para o conflito entre Zaratustra, o espectador, e Zaratustra, o ator. Meu companheiro posou como o verdadeiro Zaratustra, sentando-se na plateia, descontente com a violência feita pelo ator e pelo dramaturgo ao seu papel. O "verdadeiro" Zaratustra ordenou ao ator que representasse a si mesmo e não Zaratustra. Depois que meu amigo enfrentou o ator e o autor, subi ao palco e apresentei minha filosofia radical. Clamei para que derrubassem a instituição vigente do teatro, a fim de criar um novo, que não seria apenas "o espelho do sofrimento de coisas estrangeiras, mas atuaria nosso problema de cada um". Eu queria criar um teatro de gênios... de total imaginação, o teatro da espontaneidade, alinhado com o trabalho que estava desenvolvendo nos parques de Viena com as crianças.

Uma situação embaraçosa! Os atores ficaram desnorteados; os espectadores, zangados. A ficção deu lugar à realidade. Fomos expulsos do teatro pela polícia e levados à prisão, onde passamos a noite. Na manhã seguinte, ficamos diante do juiz. Felizmente, fomos dispensados depois de sermos submetidos a uma repreensão e de termos prometido nos abster (de fazer) isso de novo. Éramos uma dupla dura de roer, e o clamor público foi sério. Nossa ação foi vista como uma séria ameaça à paz. Poderia ter sido muito pior do que apenas passar a noite na cadeia [...].

A primeira sessão oficial psicodramática aconteceu no Komödienhaus, famoso teatro de Viena, em 1921. Anna Höllering, a atriz, era grande amiga minha; e seu pai, que era dono do Komödienhaus, me deixou usá-lo por uma noite sem pagar aluguel.

Naquela noite, apresentei-me sozinho no palco. Não tinha um elenco nem peça. Estava totalmente despreparado diante de uma plateia de mais de mil pessoas. Quando subiu a cortina, o palco estava vazio, exceto por uma poltrona de veludo vermelho com moldura dourada e encosto alto, como o trono de um rei. Havia uma coroa dourada no assento da poltrona. A maior parte da plateia era composta de curiosos, somados a alguns apreciadores de escândalo. Mas havia muitos políticos, líderes religiosos e culturais. Havia ainda um punhado de autoridades estrangeiras. Quando relembro aquela noite, fico espantado com minha ousadia. Estava tentando curar ou expurgar aquela plateia de uma doença, uma síndrome cultural patológica compartilhada por todos os que se achavam no teatro naquela noite. A Viena pós-guerra estava espumando de revolta. Não havia governo estável, nem imperador, rei ou líder. O último monarca habsburgo fugira para a Itália. E, como outras nações da Terra, a Áustria estava inquieta, em busca de uma nova alma.

Mas, falando psicodramaticamente, eu tinha um elenco e uma peça. Os espectadores eram meu elenco. As pessoas na plateia eram como autores conscientes. A peça abordava a situação na qual tinham sido atirados pelos acontecimentos históricos, em que cada um deles tinha um papel real para atuar. Era meu objetivo, como diríamos hoje, introduzir o sociodrama em *statu nascendi* e analisar a produção emergente. Se eu ao menos fosse bem-sucedido em transformar os espectadores em atores, atores em seu drama coletivo próprio, o drama coletivo ou conflito social no qual se achavam realmente envolvidos todo dia, minha audácia seria redimida e a sessão teria produzido alguma coisa.

O tema natural era a busca de uma nova ordem das coisas, o teste de qualquer um na plateia que aspirasse à liderança e, talvez, encontrar um salvador. Cada um de acordo com seu papel, políticos, ministros, escritores, soldados, médicos e advogados, todos foram por mim convidados a subir ao palco, sentar-se no trono, atuar como um rei. Ninguém foi preparado antecipadamente. Gente despreparada atuando numa peça despreparada perante uma plateia despreparada. A audiência fazia o papel de júri. Mas o teste deve ter sido muito difícil. Ninguém foi aprovado. Quando o espetáculo terminou, ninguém foi considerado digno de ser rei, e o mundo permanecia sem líder. A imprensa vienense ficou perturbada pelo incidente — foi o que soubemos na manhã seguinte. A crítica mais "favorável" a nós foi a do *Wiener Mittags-Zeitung* de 2 de abril de 1921:

> O dramaturgo se apresenta ao público como um bufão que está em busca do rei do mundo, daquele rei que não pode ser escolhido, mas deve ser reconhecido porque existe como ideia e tem seu verdadeiro hábitat no coração da humanidade. A apresentação foi recebida pelo público com aplauso irônico que, às vezes, atrapalhava a produção. Mas havia também algumas pessoas que pertenciam aos seguidores de Werfel e fortemente assumiram o papel do misterioso poeta.

Perdi muitos amigos, mas calmamente registrei "*Nemo propheta in patria*" e continuei a dar sessões perante plateias em países europeus e, mais tarde, nos Estados Unidos.

Nosso grupo do *Stegreiftheater* reunia-se no Café Museum. Após *o début* no Komödienhaus, acreditávamos que o teatro da espontaneidade era uma forma de arte viável que podia manter-se em Viena. Nosso grupo naquele tempo consistia em Anna Höllering, Elisabeth Bergner, toda vez que podia vir ter conosco em Viena, Hans Rodenberg e Robert Blum. Peter Lorre também estava envolvido na criação do teatro da espontaneidade.

Conheci Peter Lorre em 1918, quando ele tinha uns 17 anos. Ele era de Ružomberok, filho de uma família bem situada... Quando o encontrei, seu nome era László Löwenstein, e ele pedia dinheiro e comida nos cafés. Era vesgo e tinha uma covinha no rosto. Havia algo muito atraente nele, e eu o contratei para nos ajudar no estabelecimento do teatro da espontaneidade. Mudei seu nome para Peter Lorre.

Depois de mais de um ano de procura, encontramos um local para o nosso teatro na Maysedergasse, número 2. Era no topo de um edifício comercial não longe da Ópera de Viena. A Kärtnerstrasse, que corresponde quase à Quinta Avenida de Nova York, era o cruzamento mais próximo. Nós não poderíamos ter encontrado um local mais conveniente ou mais central para o teatro. Quando, em 1959, Zerka e eu estivemos em Viena, quis mostrar-lhe o teatro da espontaneidade original. Era visível da janela de nosso quarto no Hotel Sacher. O edifício ainda estava lá. Agora abriga um restaurante...

Robert Müller, um jovem jornalista tcheco, escreveu a seguinte nota sobre o teatro da espontaneidade para o *Prague Presse*:

> O dr. Moreno, o conhecido escritor e psiquiatra, fundou um *Impromptu Theater* para os intelectuais de Viena. Com referência à sua base analítica, ele publicou um livro com o qual a imprensa já se ocupou o bastante. Deve-se dizer que o *Impromptu Theater* realmente é bem o oposto da alta-tensão intelectual aparente no livro. Começa bem por baixo, com técnicas muito primitivas, geralmente das mais simples [...].
>
> Com Moreno, podemos ver no *impromptu* uma forma terapêutica muito boa para o processo curativo da civilização — e esse é o ponto principal, a ideia seminal no evangelho revolucionário de Moreno, em sua tentativa de dar continuidade e restaurar a vitalidade da nossa cultura. Ele é, sem dúvida, uma força motriz [...].

O teatro estava sempre lotado. A sala comportava cerca de 40 pessoas. O *Stegreiftheater* rapidamente se tornou um lugar conhecido de reuniões para artistas e intelectuais. Muita gente de fora da cidade fazia questão de vir ao *Stegreiftheater* sempre que estava em Viena.

Material dramático era sugerido pela plateia ou surgia da cabeça dos próprios atores. Às vezes eram temas que os atores gostavam de interpretar. Peter Lorre era desse tipo. "Como catar um piolho" era seu favorito e também o do público, embora ele tenha interpretado muitos outros temas. Creio que essa rotina tinha um significado especial para Peter porque a palavra "piolho" em alemão é *laus*, semelhante à primeira sílaba do verdadeiro nome dele, László. Penso, pois, que a origem do roteiro estava enterrada na personalidade de Peter. Ele costumava misturar-se ao público e procurar piolhos que infestavam a cabeça dos intelectuais vienenses que lá se achassem. Fazia todo tipo de gestos de agarrar, que divertiam a todos. Era um grande drama. De repente, ele conseguia pegar um! [...]

O *Stegreiftheater*, que mirava a espontaneidade total, enfrentava enormes dificuldades. A primeira delas era a plateia, que fora educada para usar as conservas culturais — e confiar nelas — em todas as áreas da vida e desconfiar de sua própria espontaneidade. A única espontaneidade que a plateia aprendera a apreciar vinha da "conserva animada". Portanto, quando a verdadeira lhe era apresentada no teatro, ela suspeitava que tinha sido muito ensaiada, sendo uma tentativa de enganá-la, ou, se a cena era mal representada, considerava um sinal de que a espontaneidade não funcionaria.

A fim de superar a descrença das plateias, voltamo-nos para a técnica do "jornal vivo". Como as *performances* eram baseadas nos fatos correntes, ninguém duvidava de que eram espontâneas e não ensaiadas. O "jornal vivo" tornou-se um divertimento popular para o povo de Viena. Era a primeira alternativa moderna às notícias escritas.

Fizemos mais, porém, do que reencenar cenas dos jornais. A companhia procurou pesquisar os conflitos que causavam os acontecimentos, sentir as motivações das pessoas envolvidas e tentar projetar as soluções finais das histórias dramatizadas. Meu livro *O teatro da espontaneidade* traz uma descrição do que aconteceu quando dramatizamos um espetacular assassinato ocorrido em Viena [...].

A pior dificuldade que enfrentei foi ver meus melhores alunos flertando com o clichê mesmo quando atuando extemporaneamente. Por fim, afastaram-se do teatro da espontaneidade e dirigiram-se ao palco legítimo ou se tornaram atores de cinema. Peter Lorre foi um deles, apesar de ter um talento notável para atuação espontânea.

Em face desse dilema, voltei-me "temporariamente" para o teatro terapêutico, uma decisão estratégica que talvez tenha salvado o movimento do *Stegreiftheater* do esquecimento. Era mais fácil defender 100% de espontaneidade num teatro terapêutico. As imperfeições estéticas de um ator no palco não podiam ser perdoadas pela plateia, mas as imperfeições e incongruências que um paciente mental mostra no palco do psicodrama são não só facilmente toleradas como esperadas e, muitas vezes, calorosamente bem-vindas. Os atores se tornam verdadeiros "egos-auxiliares" com o advento do teatro terapêutico. Eles, também, em sua função terapêutica, foram aceitos na pureza do seu talento natural sem o perfeccionismo emprestado do teatro [...].

Por vezes, meu caminho cruzou com os de alguns do círculo psicanalítico de Freud. Theodor Reik frequentava o teatro da espontaneidade. Era então o secretário de Freud e estava apaixonado pela irmã de meu amigo Brauchbar, que na época estava em Viena. Como Reik vinha sempre ao teatro, foi um dos primeiros a ler meu livro *O teatro da espontaneidade*. Ele o mostrou a Freud. Quando lhe perguntei qual tinha sido a reação de Freud, ele disse: "Não me lembro".

"O que quer dizer com 'não me lembro'", perguntei-lhe.

"Tenho certeza de que não foi favorável", continuou Reik.

"Só lembro que Freud me devolveu o livro e eu anotei na cabeça que devia perguntar-lhe diretamente o que achava dele. Não me lembro porque estava com ciúme da reação de Freud ou porque estava enciumado com o fato de Freud nunca ter dado atenção ao meu livro, que foi publicado ao mesmo tempo que o seu."

Alfred Adler movia-se livremente em nosso círculo de filósofos e artistas no Café Herrenhof e no Café Museum. Ele tinha acabado de ler *O teatro da espontaneidade*. Um dia, trouxe o livro ao café e abriu-o na página 70, onde apontou a palavra *Gottähnlichkeit*, que significa "imagem de Deus". Leu o seguinte parágrafo:

> O sonho do homem era voar como um pássaro, se não com as próprias asas, pelo menos com asas técnicas, os aviões. Ou então aparecer como um deus, se não na realidade, ao menos no teatro.

Esses são talvez os dois sonhos mais antigos dos homens. Eles podem ter uma origem comum. Por meio da magia, da ciência ou de outro método qualquer, procura-se provar que a luta pela divindade é bem fundamentada.[20]

Então Adler disse, dando uma piscadela e retirando o costumeiro charuto da boca: "Concordamos?"

"Discordamos", respondi. "Estou tentando *produzir* Deus. Você está tentando *entendê-Lo*. Na verdade, estamos no mesmo caminho, mas em dois extremos opostos [...]".

Em 1924, houve um Festival Internacional de Novas Técnicas de Teatro em Viena. Um de meus alunos, Friedrich (Fred) Kiesler, era o diretor artístico do comitê do festival. Arquiteto, Kiesler ficara interessado pelo *Stegreiftheater* e por seu potencial para um novo tipo de arquitetura teatral. Não sou arquiteto, mas tinha uma ideia clara do que deveria ser construído para abrigar o *Stegreiftheater*. Queria ver o tipo de edifício que iria, em si, propor o desenvolvimento da espontaneidade naqueles que o olhavam e o utilizavam. Agora estamos todos acostumados com esse tipo de arquitetura teatral, mas em 1924 minhas ideias tinham o potencial de revolucionar a construção não só de teatros, mas de toda a arquitetura. De fato, Xanti Schawinsky, diretor do Bauhaus em Munique, acreditava que tive considerável influência no desenvolvimento daquela escola de arquitetura.

Eu compartilhava livremente minhas visões de um novo tipo de arquitetura de teatro. Como não tinha a competência técnica para implementar meu *Stegreiftheater* ideal, voltei-me para meus alunos. Rudolph Hönigsfeld fazia croquis de acordo com minhas instruções e as traduzia em maquetes. Sem nosso conhecimento, Kiesler construiu um modelo quase idêntico ao nosso e depois levou o crédito

---

20. Tradução extraída de: MORENO, J. L. *O teatro da espontaneidade*. Trad. Moysés Aguiar. São Paulo: Ágora, 2012, p. 124.

pela criação de um novo estilo revolucionário de arquitetura teatral. O modelo que Kiesler construiu foi feito à custa da cidade de Viena. Espantei-me quando, em 3 de outubro de 1924, fui à estreia da Exposição de Teatro Internacional. Eu recebera um convite para a cerimônia e pediram-me para participar como membro oficial. Muita gente de teatro internacionalmente famosa fora convidada a tomar parte no festival — Fernand Léger, Meyerhold, Tairoff etc. Lá, no palco do Vienna Konzerthaus, todas as autoridades públicas — o presidente da Áustria, o prefeito de Viena, os artistas participantes — estavam reunidas. Um membro após outro passava pelo presidente e era apresentado pelo prefeito Karl Seitz. Quando Fred foi chamado e o prefeito estendeu-lhe a mão para apertá-la, interrompi as apresentações. Falei em voz alta, chamando-o de ladrão. O prefeito parou a cerimônia e todos, membros e espectadores, ergueram-se, atônitos com minha atitude. A polícia foi chamada e eu saí do recinto.

Na manhã seguinte, os jornais estavam repletos do escândalo. Fred sentiu-se forçado a me processar pela difamação para limpar seu nome. Foi assim que se soube do meu ideal de anonimato, da natureza do teatro da espontaneidade, e o *"Raumbühne"* foi levado ao tribunal perante a Suprema Corte da Áustria em 19 de janeiro de 1925.

No fim do julgamento, fiz um longo discurso diante do tribunal a fim de declarar minha posição *vis-à-vis* sobre o anonimato e minha contribuição para o teatro e para os problemas existenciais do homem. Como todos os meus livros tinham sido publicados anonimamente e minhas ideias eram dadas de graça, sem nenhuma proteção de patente ou de direitos autorais, eu não tinha direitos legais sobre nenhum de meus trabalhos. Isso, porém, estava no âmago dos meus argumentos perante o tribunal:

> Cedi minhas ideias à comunidade, a todos os seus membros, de graça; com isso, privilegiei a todos e lhes dei o direito de considerar minhas ideias propriedade comum, desde que disseminadas ao pé da letra, e de usá-las e distribuí-las de qualquer forma, impressa ou

oral, contanto que isso seja feito *sem* referência a seus nomes ou a qualquer outro nome. Mas não era meu desejo deixar minhas contribuições a um único indivíduo, dando a essa pessoa uma relação de propriedade para com minhas ideias, ou ligar minhas contribuições ao sobrenome de alguém com o propósito de enriquecê-lo [...].

O assunto da disputa é um palco que enfatiza todas as dimensões de espaço. Ele tem três propriedades: a posição central, a estrutura vertical e um auditório circular. E, porque esse palco é um símbolo do todo escondido, ninguém será capaz de descobri-lo, visualizá-lo ou demandá-lo a menos que carregue o todo dentro de si. Quem quer que demande esse palco também saberá sua verdadeira função, o novo teatro. E quem quer que o demande para o teatro, o teatro da espontaneidade, também saberá da sociedade que necessita dele. Assim é que mesmo o mais baixo objeto e a mais modesta manipulação podem ser adequadamente requeridos apenas pelo centro. Somente por aí pode ser obtida a verdadeira posição. O farsante que oferecer uma parte se torna traidor só com isso. Somente pelo todo surgem as partes. Somente da mãe é que pode sair o filho [...].

Estou diante do juiz. O público deveria estar aqui em meu lugar. O público é acusado. Como não está presente, peço que eu seja considerado sua testemunha [...].

Como pessoa, não posso recriminar o autor da queixa. Ele não tirou nada de mim. Ele privou o público de um bem de uma forma que viola a lei moral. Não está na natureza de um tribunal contestar a verdade de todos em favor de um indivíduo. Se o tribunal aprovar sua queixa, então o público está condenado. E eu devo sofrer a pena como seu representante. Nesse caso, fica claro o plágio, e o anonimato vira uma tentação.

Fui vingado.

A reação alemã às *Palavras do pai* foi insatisfatória para mim. O movimento do *Stegreiftheater*, embora tenha começado a criar raízes nas cidades prussianas e bávaras, além de sua popularidade em Viena, movia-se lento demais para minhas expectativas. Vi uma longa e difícil batalha à minha frente. A questão era aonde eu devia ir para obter uma via menos difícil para minhas ideias. Oeste ou leste? O oeste da Europa estava dominado pelo comunismo soviético, que em 1924 encontrava-se firmemente entrincheirado. Oferecia pouca esperança para quaisquer novas ideias, a menos que eu estivesse disposto a aceitar a estrutura conhecida da sociedade soviética e trabalhar por dentro. Decidi contra a Rússia Soviética e em favor dos Estados Unidos.

Todas as minhas inspirações para meus métodos e técnicas vieram direta ou indiretamente de minha ideia da Divindade e do princípio de Sua gênese. Minha hipótese de Deus me fez muito produtivo. Todas as conclusões que retirei dela e traduzi em termos científicos estão corretas. *Eu não tinha motivo para admitir que a hipótese original era falsa só porque ela não era popular entre os cientistas!* Minha ideia de Deus, da qual cresceu a ideia do sistema sociométrico, foi, portanto, a maior barreira à minha ida à Rússia, a ter de aceitar a doutrina soviética e, por assim dizer, não (deixar) minha mão esquerda saber o que minha mão direita (estava fazendo). Eu tinha como alvo uma humanidade modelada do Deus do primeiro dia da Criação. Preferia ser a parteira de uma forma de vida democrática, confusa, incoerente (a) ser agente de um mundo estritamente organizado. Meu livro de Deus me levou aos Estados Unidos [...].

Não estamos de fato conscientes de que o papel do cientista objetivo foi modelado pela ideia da Divindade imparcial de Espinosa. Assim como se espera que os pronunciamentos de Deus tenham uma validade suprapessoal, também se espera que os pronunciamentos do cientista a tenham. Ele não pode desejar que o Sol gire em torno da Terra, nem a Terra em redor da Lua. Não pode desejar que o Universo dure para sempre ou acabe ao entardecer. Não pode desejar que nasçam apenas pessoas boas e justas. Não pode desejar que somente pessoas feias e tolos nasçam. Não pode desejar que algumas raças se multipliquem e vivam em conforto, enquanto outras vivam mal e se extingam. Ele é objetivo, neutro, não envolvido. É o arquivista imparcial dos fatos conforme eles surgem.

Essa Divindade abrangente e imparcial, o Deus de Espinosa, tem sido um modelo para o cientista físico e resistido, mas não se mostrou adequado para as necessidades do cientista social, pelo menos não inteiramente. Enquanto o cientista social agia como escriba e demógrafo pedante, como estatístico vital e economista ingênuo, o modelo parecia adequado. Mas, logo que ficou preocupado com o "nós", a coletividade de atores, o modelo precisou de uma extensão [...].

Esse novo modelo de uma Divindade "operacional" anunciado nas *Palavras do pai* se tornou minha escada para o sistema sociométrico, desenvolvido para um objetivo inteiramente diferente — a busca de um modelo de objetividade científica nas ciências sociais.

O maior modelo de "objetividade" que o homem já concebeu foi a ideia da Divindade, um ser que sabe e sente como o Universo porque Ele o criou, um ser ilimitado em Sua capacidade de penetrar todas as facetas do Universo e ainda assim ser inteiramente apartidário.

Somente em Nova York, o cadinho de todas as nações, a vasta metrópole, com toda sua liberdade e todas as suas noções preconcebidas, eu estaria livre para continuar a pesquisa sociométrica de grupo no grande estilo que eu havia previsto.

Em 1925, eu estava livre para deixar a Europa. Na estação de trem no norte de Viena, em setembro desse ano, minha mãe veio se despedir de mim. Ela brincou e riu como se eu estivesse indo para Salzburgo e voltasse no dia seguinte. Alguém disse a ela: "Alguns meses atrás houve uma cena igual, mas era seu filho William que ia viajar. Você chorou e não conseguia se afastar dele. Agora que seu filho Jacques a deixa, você não parece se importar".

"Bem", disse ela, muito pensativa, "quando William partiu, fiquei preocupada. Willie é um menino tão bom. Deus sabe o que poderia acontecer-lhe lá. As pessoas talvez o ferissem. Mas com Jacques é diferente. Ele sabe se cuidar. Em primeiro lugar, ele sabe porque vai, e, depois, se por nada mais, suas ideias vão cuidar dele."

E foi assim que aconteceu.

Moreno em foto da década de 1920

7. VÖSLAU

Após a Primeira Guerra Mundial, resolvi não clinicar nem morar numa cidade grande como Viena. (Os acontecimentos descritos neste capítulo foram contemporâneos aos descritos no capítulo anterior, mas Moreno preferiu descrevê-los separadamente.) Eu queria ir para o campo e clinicar entre pessoas simples. Um dia tomei um trem. A primeira parada era Kottingbrunn, uma pequena vila perto de Viena, mas muito mais uma aldeia que uma cidade suburbana. Desci do trem e caminhei até a prefeitura. Apresentei-me como dr. Moreno e fui informado de que a aldeia necessitava de um chefe de saúde. Aceitei o emprego. Foi assim simples.

Fui a Vöslau para praticar caminhada. Somente alguns quilômetros separavam Kottingbrunn de Vöslau. Saí para tomar um pouco de ar fresco e quis conhecer o lugar. Lá, na rua principal de Vöslau, encontrei um senhor de meia-idade que me parou e falou comigo amistosamente. Nunca descobri por que ele fez isso, embora tenhamos ficado muito amigos mais tarde. Ele se apresentou dizendo: "Sou o prefeito de Vöslau. Sou o prefeito Peksa".

Respondi com surpresa: "Meu Deus, é maravilhoso! É muita sorte a minha conhecer uma pessoa tão importante. Muito prazer em conhecê-lo, prefeito Peksa".

Ele perguntou: "E quem é você?"

Eu me apresentei: "Sou médico, chefe de saúde de Kottingbrunn. Meu nome é Moreno".

Bastante entusiasmado, o prefeito Peksa disse: "Eu lhe pergunto, dr. Moreno, por que o senhor não vem para cá? Nós precisamos muito de um chefe de saúde. O dr. Fuchs acabou de falecer. Precisamos de alguém".

"Ficaria muito contente de vir a Vöslau", respondi. "Posso ser o médico de ambas as cidades. Kottingbrunn e Vöslau. Estou em Kottingbrunn há somente dois meses, sabe?"

"Não", disse ele. "Queremos o senhor só para nós." Peksa era um simples trabalhador. Pela primeira vez na história de Vöslau um trabalhador se tornara prefeito. Todos os outros prefeitos tinham sido pessoas de posses, banqueiros, negociantes, advogados etc. Peksa queria fazer algo pela classe trabalhadora, e estava orgulhoso de ter descoberto um médico para o povo. Disse: "Na semana que vem o conselho da cidade vai se reunir e eu vou propor que nós o contratemos como nosso chefe da saúde pública, como nosso médico".

"Meu Deus", falei, "isso parece quase um milagre. Vamos tomar um copo de vinho para comemorar a ocasião."

Quando minha nomeação foi ratificada na semana seguinte, mudei-me para Vöslau. A cidade me cedeu uma casa no Vale de Maio. A Casa de Maio era de pedra, parecendo um castelinho, e tinha até uma torre. Uma grande varanda, com vista para o vale, se estendia na parte de trás da casa. Havia também uma enorme adega, a maior da cidade, localizada no porão, cravada no terreno ao redor da casa. A casa era rodeada de árvores. Outra casa em frente também me foi disponibilizada, mas não precisava de duas.

Era costume que o chefe da saúde pública da cidade fosse nomeado médico-chefe da Kammgarnspinnerei, uma grande fábrica têxtil da cidade. A cidade fornecia alojamento; e a fábrica, um salário. Portanto, eu estava bem cuidado.

Muitas coisas extraordinárias me aconteceram em Vöslau que explicam como me tornei o Doutor do Povo. Levei a ideia de anonimato ao extremo. Em Vöslau, eu era conhecido como *Doutor*. Não tinha tabuleta na porta nem bloco de receitas, embora isso tenha gerado consequências problemáticas mais tarde. Não disse a ninguém o

meu nome. O prefeito e o conselho o sabiam, mas eles compreende-
ram meu desejo de anonimato e cooperaram comigo.

Eu cria piamente que não era justo receber dinheiro de meus
pacientes, e assim não aceitava nada daqueles que me vinham consultar em particular. Isso, creio, explicava minha popularidade. Eu tinha
mais pacientes do que podia tratar. Vinha gente de todas as vilas perto
de Vöslau, mesmo de longe, camponeses, homens, mulheres, crianças.
Quando vinham, não era de mãos vazias. Traziam ovos, galinhas, pa-
tos e, de vez em quando, um porco. Traziam todo tipo de presentes.

Eu tinha uma ótima governanta, *Frau* Frank, uma viúva idosa de
Kottingbrunn. Ela discutia comigo: "Doutor, por que o senhor não
aceita dinheiro?"

"Para quê?", respondia eu. "Tenho um bom salário. Tenho uma
casa. Não tenho família para sustentar."

"Não, não! Não está certo! As pessoas esperam pagar o senhor
pelo seu trabalho. O senhor devia receber as consultas." Mas eu não
queria, e a gratidão do povo era ilimitada. Assim, continuaram a trazer-me todo tipo de presentes, que entregavam à *Frau* Frank. Traziam
roupas. Traziam mantimentos. Eu prestava pouca atenção aos presentes, mas, no decorrer do tempo, a casa e a adega ficaram parecidas
com um magazine. Muitas vezes era embaraçoso quando pacientes
importantes ou bem de vida, até mesmo ricos, vinham ver-me com
suas doenças. Os prefeitos de Wiener Neustadt e Sankt Pölten vieram
consultar-me, mas nunca recebi dinheiro de ninguém.

Certa vez, um velho camponês trouxe uma jovem. Ele disse:
"Caro doutor, alguns anos atrás o senhor me curou de um câncer no
estômago. O senhor salvou a minha vida. Como prova de gratidão, eu
lhe trago minha filhinha como presente. Aqui está ela".

Olhei para a menina. Ela devia ter 16 ou 17 anos, e seu pai
parecia pensar que talvez eu quisesse me casar com ela. Respondi:
"Agradeço-lhe, mas não posso aceitar sua oferta. Estou profundamente tocado pela sua enorme gratidão, tão grande a ponto de o
senhor me oferecer sua filha única como esposa. Entretanto, acredito

que a melhor coisa a fazer seja levá-la para casa e esperar até sua maioridade".

"Compreendo", respondeu o homem, e foi embora.

Uma noite, ouvi uns ruídos estranhos no andar superior da casa, onde morava *Frau* Frank. Subi e fiquei ouvindo atrás da porta do seu quarto, tentando adivinhar o que podia ser. Abri a porta e vi pilhas enormes de florins, florins, florins.

"O que está acontecendo aqui?", perguntei.

"Querido doutor", respondeu-me ela, e percebi que estava chorando. "Como o senhor trabalha pesado e não aceita dinheiro, e, ao mesmo tempo, vejo tantos lindos presentes chegando, resolvi guardar alguns e vender o resto. Quando o senhor ficar velho, quando não puder mais trabalhar, terá um bom pé-de-meia. Todo este dinheiro é seu."

Fiquei atônito, mas nada pude fazer senão apreciar sua bondade e preocupação [...].

Quando fui para Vöslau, tornei-me outra vez celibatário. O *God-player* estava novamente em ascendência. A intensa sexualidade que eu sentira e vivenciara durante a guerra foi deixada para trás. Todas as adoráveis e delicadas jovens com as quais eu me relacionara nunca haviam entrado verdadeiramente em minha complicada vida amorosa. Não tinham tocado minha vida como um *Godplayer*. Eu já atravessara fases de intensa atividade sexual seguidas por períodos de celibato. Mas o que eu de fato desejava era uma mulher que aceitasse minhas fantásticas ideias de utopia, uma que me amasse tanto física como espiritualmente, uma Musa...

Encontrei Marianne pela primeira vez caminhando pelo vale com um grupo de crianças. Tinha uns 18 ou 19 anos, era muito loura, olhos azuis, 1,70m, esbelta, muito segura de si, mas ao mesmo tempo "influenciável". Era professora da escola.

Não toquei nela. Ela não tocou em mim. Amei-a com os olhos, em meus sonhos. E imaginei que ela fazia o mesmo comigo. Nunca houve um namoro entre nós [...].

No dia em que soube da morte da *Frau* Frank (quando ela estava fora da cidade, visitando a irmã), Marianne entrou em meu consultório. Ela já me consultara algumas vezes por problemas simples na garganta. Ela também soubera da morte da *Frau* Frank e ofereceu-se para me auxiliar por algumas horas diariamente. Após uma semana, as duas horas se tornaram quatro. Após mais uma semana, ela vinha de manhã cedo e ficava o dia inteiro. Certo dia, ela parou de lecionar, deixou a casa dos pais e veio morar comigo na Casa de Maio. Tornou-se minha amante platônica e minha parceira espiritual [...].

Nosso relacionamento confundiu o povo da cidade. Eles não entendiam. Como podia um homem santo, que praticava tantas boas ações, subitamente se tornar um amante suscetível? Nosso relacionamento era tão genuinamente inocente naquele tempo que era perfeitamente simples para nós nos portarmos como se nada de incomum estivesse acontecendo pelo fato de vivermos juntos. Os pais de Marianne nos defendiam ao máximo, dizendo que era perfeitamente natural. O doutor precisava de uma governanta e estava feliz de ter alguém tão jovem e bonita, mas não havia nada de suspeito acontecendo entre nós. Meus seguidores diziam que apenas mentes sujas poderiam pensar o contrário, mas havia muitas mentes sujas na cidade [...].

Um dos aspectos mais importantes no meu *Godplaying* foi a forma como ele se refletiu na minha vida sexual. Morei com Marianne durante meses. Cheguei a dormir com ela, sem ter nenhum contato sexual. Não sentia desejo de sexo. Quanto mais forte era meu desejo de *Godplaying*, menor era meu desejo sexual. Havia, portanto, no meu caso, uma correlação negativa entre sexo e Deus naquele período particular. Talvez meu caso fosse mais do que pessoal. Parecia ser um fenômeno universal. Como os *Godplayers* bíblicos — Jesus, por exemplo, certamente foi um grande amante no sentido espiritual, pouco se interessando por sexo; a história de Maria Madalena fala por si mesma. Quando se começa a fazer o papel de Deus, perde-se o desejo de copulação natural. Tornamo-nos quase impotentes; o mistério do celibato está intimamente ligado a isso. Deus (ou aqueles que aspiram a tornar-se Deus) não permite que a carne O domine [...]. Tenho tentado definir meu relacionamento com Marianne. No começo, o esforço resultava em explicar que tipo de relacionamento *não* era... Nosso relacionamento não era do tipo comum, como duas pessoas que se apaixonam, têm um caso e o terminam quando a paixão acaba. Nosso relacionamento não era baseado no sexo, embora este eventualmente fizesse parte dele. Nós nos conhecemos e no mesmo instante nos sentimos ligados um ao outro. A ligação sexual apareceu após um longo período; estava sempre em segundo lugar entre nós.

Tampouco éramos como duas pessoas que se conhecem, se apaixonam e se casam a fim de ter filhos e constituir uma família. Não havia nenhuma imposição legal em nosso relacionamento. Tomamos uma decisão livre, ela e eu, embora tal decisão jamais tenha sido expressa em tantas palavras ou formulada dramaticamente.

Se não era nem paixão nem amor convencional, religioso, legal ou social, que elemento nos mantinha juntos? Penso que se tratava de um relacionamento baseado na fé mútua. As pessoas unidas por atos de fé não estão ligadas por nenhuma promessa ou esperança de que o que construíram juntas vai durar para sempre. Essa é a personificação derradeira da devoção. Sabe-se intuitivamente que um pode confiar no outro, que a vida e a morte não vão atrapalhar a existência dessa devoção. Ela existe e assim continuará enquanto as duas pessoas existirem, quer fiquem juntas, quer não.

Acredito que esse tipo de relacionamento é extremamente moderno, ultramoderno. Tem um significado global e até cósmico. Ele está presente em todos os lugares, de diversas formas. Apesar de sua modernidade, ele existe desde o início da história, ainda que talvez não tenha se libertado dos laços sociais e religiosos e dos códigos morais como acontece em nossos tempos. É possível que essa preciosa forma de relação não dure e seja destruída pela terrível necessidade do homem de colocar tudo entre limites facilmente controláveis [...].

Conheci Marianne por acaso. Ela nunca me apresentou a seus pais, e eu jamais lhe apresentei nenhum dos meus parentes. Nossa ligação foi estritamente entre nós dois. Não havia amarras entre nós, nem pastor ou padre, nem mãe, pai ou amigo. Falávamos a mesma língua, e ambos éramos jovens. Pode ter havido algum elemento estético em nossa atração um pelo outro. Durante meses, eu não soube de onde ela viera, se era rica ou pobre, alemã, tcheca ou húngara [...]. Tampouco ela sabia se eu era judeu ou cristão, italiano ou espanhol. Esses fatores não eram relevantes em nosso relacionamento. Mais tarde, quando soube que ela era cristã de origem predominantemente alemã, minha imaginação ficou lisonjeada. Na juventude, eu me sentia mais atraído por mulheres cristãs do que por mulheres judias. Mas considerações de raça ou religião eram irrelevantes para nós [...].

Uma revolução social assolava a Áustria em 1918. Vöslau foi a única cidade que, por um período de três dias, virou soviética, tendo sido tomada pelo Conselho dos Trabalhadores. Na ocasião, o governo comunista de Béla Kun, próximo da Hungria, enviava ondas de choque revolucionário para toda a *Mittel Europa*. A maioria do conselho da cidade era composta, quando cheguei, de trabalhadores braçais, operários com uma tendência socialista-esquerdista.

À parte nossos mútuos sentimentos amistosos, o prefeito Peksa viu em mim uma oportunidade de consolidar sua posição política, e minha nomeação como chefe de saúde foi uma esperta estratégia de sua parte contra a supressão burguesa. Ele se orgulhava de ter-me como amigo, um médico que o tratava como igual. Por outro lado, minha escolha como chefe de saúde também foi revolucionária. Pela primeira vez, um judeu fora nomeado para o que havia sempre sido um posto reservado aos cristãos. Também tinha sido reservado para médicos que se mostrassem cavalheiros inteiramente burgueses, homens que se apartassem das pessoas comuns. Havia pouquíssimos judeus vivendo na cidade, embora muitos viessem à estância termal no verão. Meus detratores diziam que eu tinha hipnotizado o prefeito para obter meu cargo [...].

Minha paixão pelo anonimato alcançou seu nível máximo naquele tempo [...]. Achei que a forma mais simples de um médico manter-se longe de problemas era sendo anônimo. Ao evitar a possibilidade da fama, ele não podia tirar pacientes de outros médicos. O nome é uma forma de capital que se presta à propaganda e à exploração.

Mas as coisas não aconteceram bem como eu planejara. Meu anonimato me trouxe certo *glamour*. Quanto mais eu tentava recuar, mais as pessoas me seguiam. Tornei-me o *Wunderdoktor*. Naturalmente, os outros médicos ficaram com ciúme e inquietos. Espalharam o boato de que eu não era médico de verdade, mas um charlatão. Porém, a Universidade de Viena prontamente assegurou que eu recebera meu diploma em fevereiro de 1917. Se tivesse planejado tornar-me famoso, não poderia ter inventado um esquema melhor. Assim, o episódio terminou num paradoxo: quanto mais eu me ligava ao anonimato, mais conhecido eu ficava. E já vimos como meus esforços para tratar dos pobres e para não aceitar dinheiro deles foram vãos.

Certa noite, bem tarde, a campainha soou estridente, como com frequência é contado em histórias de bruxas. Ouvi minha velha governanta (Moreno se refere a um acontecimento anterior) descendo pelas escadas e abrindo a porta devagar com sua pesada chave. "Deve ser alguém muito doente querendo ver o doutor", disse ela. Depois, se apressou em minha direção com uma expressão rara no rosto.

"O que é?"

"Oh!", exclamou, "uma grande carruagem está lá embaixo, puxada por quatro cavalos, ou talvez seis. O juiz municipal de Mödling está muito doente. Está morrendo. Há duas senhoras na carruagem, sua esposa e sua irmã. Querem o senhor. Todos os outros médicos já o examinaram. Nenhum o ajudou. O senhor é sua última esperança. Precisa ir imediatamente."

Eu nunca havia tratado o magistrado de uma cidade tão grande. Olhei pela janela. Sim, havia uma carruagem lá fora. A neve caía em grandes flocos. Atravessei a porta e vi as duas senhoras em roupas escuras e pesadas. Olharam com firmeza para mim. Estavam sentadas lá dentro e haviam me reservado um lugar. Olharam-me com ar de decepção. Depois olharam uma para a outra. De volta para mim, depois entre elas. Cochicharam entre si. Alisei o rosto e o queixo e de repente um raio de *insight* me veio. Percebi quão jovem eu lhes parecia, recém-saído da faculdade. Esperavam que o *Wunderdoktor* fosse um senhor idoso, experiente e sábio. Eu sabia que tinha de agir rápido. "Oh", falei, "sinto muito, mas meu pai não pode ir esta noite; está muito, mas muito ocupado. Mas sou seu filho. Ele me deu todas as instruções e me disse o que devo fazer."

O rosto delas se iluminou. "Oh, sim", elas murmuraram uma para a outra, "o pai é muito ocupado; esse é seu filho, já sabe o que fazer." Deram ao cocheiro sinal para a carruagem seguir. Após um tempo, chegamos a Mödling. A praça diante da casa do magistrado estava cheia de gente preocupada. Centenas de pessoas se achavam lá, pois ele era muito querido na cidade. Conforme a carruagem passava pela multidão, sua esposa e a irmã iam falando ao povo que lá estava, e os murmúrios logo se espalharam pela multidão. "O pai está muito, muito ocupado. Não podia vir. Mandou seu filho. O velho o instruiu sobre o que fazer." Logo me achei diante da cama em que o moribundo estava deitado, muito angustiado, respirando pesadamente. A esposa dele aproximou-se depressa da cama. "O pai está muito ocupado. Não podia vir", sussurrou ao marido, "mas mandou seu filho e disse-lhe o que fazer. Ele vai ajudá-lo." O magistrado ergueu os olhos e sorriu. Eu o examinei e dei-lhe os remédios de que necessitava. Estava com pneumonia e com problemas no coração.

Ele recuperou-se logo. Foi um milagre! A história espalhou-se pela cidade e pelas vilas próximas e longínquas. "Em Vöslau, existe um *Wunderdoktor*." Mas continuava: "Existem dois, o pai e o filho. O pai está sempre muito, muito ocupado. Quando não pode atender, ele manda o filho". Minha fama alcançara o coração das pessoas, e elas começaram a vir de lugares longínquos para me consultar. Eu tinha mais a fazer do que um homem só seria capaz.

Em outra fria noite de inverno, bem tarde — passava da meia-
-noite —, eu estava sentado à mesa quando a campainha da porta soou. *Frau* Frank apressou-se a entrar. "É o magistrado de Sankt Pöl-
ten. Está com fortes dores. Quer ver o senhor." Sankt Pölten era duas ou três vezes maior do que Mödling. A distância entre Sankt Pölten e Vöslau era grande, por isso o magistrado fora até lá para tratar-se. Era um homenzarrão. Ele acabara de descrever seu problema quando exclamou: "Mas eu estou falando a você. Eu não vim para vê-lo. Preciso do melhor! Quero ver o próprio velho. Onde está seu pai?"

"Oh!", respondi. "Ele está muito, muito ocupado. O senhor terá de esperar muito tempo. Ele tem várias consultas antes da sua."

"Preciso vê-lo. Preciso. Onde é a sala dele?"

"Bem", respondi pensativamente, "talvez ele esteja em um dos quartos de cima. Siga-me." Subimos ao primeiro andar. Olhamos em todos os quartos. Ele não estava lá. Fomos para o segundo andar. Olhamos em todos os cômodos. Não estava lá. Fomos para o terceiro andar. Olhamos em todas as salas. Também não estava lá. O magistrado olhou para mim interrogativamente. "Bem, este é o último andar. Ele pode ter ido ainda mais alto, porém. Siga-me." Lá estávamos nós, parados no topo. Acima de nós estava o céu limpo, escuro, de inverno, cheio de estrelas. Ele olhou para mim como que dizendo: "Para onde vamos daqui?" Olhei bem em seus olhos, depois apontei para o céu. "Talvez seu consultório esteja lá."

O magistrado ficou profundamente emocionado. Tomou-me a mão. "Compreendo", disse. "O Pai está muito ocupado."

Foram muitos os episódios como esse que me ajudaram a ape-
gar-me ao sonho de que eu era, realmente, Deus [...].

Marianne era muito ligada às sociedades alemãs nacionalistas da cidade. Certa vez, ela fora secretária de um dos grupos mais radicais. Ninguém sabia exatamente sobre os meus ancestrais, mas começou-

-se a pensar que eu era judeu. Conforme o rumor foi se espalhando, duas opiniões começaram a correr. Uma era que, mesmo eu sendo judeu, não o parecia, meu nome não era judeu e eu não me misturava com gente judia. Fui, assim, absolvido por ter nascido judeu. A outra opinião era de que um judeu é um judeu, não importa como, sendo um ultraje que um judeu vivesse abertamente com uma linda jovem alemã, que gozara de tanto prestígio entre os habitantes da cidade antes de se ligar a mim. Essas pessoas achavam que eu tinha hipnotizado Marianne ou que exercia uma espécie de magia negra sobre ela para que perdesse a cabeça e morasse comigo.

Ambas as teorias permaneciam ocultas e raramente vinham à tona, exceto por um incidente. Marianne e eu estávamos na estação ferroviária de Baden, voltando de uma pequena viagem. Baden fica algumas milhas ao norte de Vöslau. Caminhávamos de um lado a outro na estação, esperando pelo trem. Uma dúzia de homens, na maioria adolescentes, todos com uniforme de organizações acadêmicas alemãs — grupos extremamente nacionalistas e protonazistas —, estava agrupada na plataforma.

Marianne falou baixinho comigo, explicando quem eram aqueles homens. Todos a conheciam, e ela estava muito preocupada com a presença deles; tentava me prevenir contra eles e procurava afastar-me de uma situação potencialmente tensa.

Mas eu não quis evitá-los. Os homens andaram para cima e para baixo, aproximando-se mais de nós, tornando-se mais e mais ameaçadores no olhar e na postura. De repente, um deles, aparentemente o líder, parou diante de nós. Ele rosnou: "Judeu!" Mas, antes que se afastasse de mim, dei-lhe um soco. Ele caiu no chão. Marianne começou a tremer e segurou forte no meu braço. O homem levantou-se. Olhei bem para seus olhos e depois encarei um a um de seus camaradas que nos rodeavam. Olhei para eles com toda a intensidade que pude reunir. Medi-os com meus olhos. Sob o fascínio carismático que eu espalhava — essa é a única forma que posso explicá-lo —, eles se afastaram sem dizer uma palavra. Nesse momento, o trem chegou à estação.

Esse incidente trivial tornou-se importante por duas razões: de um lado, eu me vi, por um momento, como Moisés, que derrubara um egípcio, dono de um escravo, só porque ele insultara um patrício do profeta. Senti-me bem por ter enfrentado sem medo um grupo de homens que poderiam facilmente ter-me esfacelado. Se o Moisés histórico era egípcio ou judeu era irrelevante. Ele tornou-se judeu assim que derrubou o egípcio. Da mesma forma, tornei-me judeu assim que derrubei o nazista. Obviamente é-se judeu, alemão ou francês só em momentos de forte identificação com sua herança. Ninguém é judeu, alemão ou francês o *tempo todo*. Foi covardia o que impediu meu inimigo e seus colegas de me retaliar? Foi por certo espanto pelo inusitado do meu ataque? Ou medo? Foi o efeito de meu poder ético que os fez parar ante um homem superior? Foi o meu *status* de *Wunderdoktor*? O que quer que tenha sido, foi um estranho incidente com um final incomum [...].

O fato de ser judeu pode ter influenciado de certa forma minha decisão de ser anônimo. Tem sido proverbial aos judeus esconder sua identidade e trocar de nome. O caráter oficial de meu posto em Vöslau e o clima político no qual cresci, que continuou a piorar para os judeus, deram-me uma excelente oportunidade para manter esses atributos judaicos. Admito que eu relutava em anunciar o fato de ser judeu. Queria manter uma neutralidade misteriosa. Mantinha todos na suposição. O segredo de minha verdadeira identidade tornou-se tão intenso em minha cabeça que eu mesmo comecei a duvidar dela e do meu nome real. Eu brincara com meu nome por anos a fio, mas o problema do meu nome *versus* meu desejo de anonimato ergueu-se de forma aguda quando comecei o meu jornal existencial, *Daimon*. Não comecei anônimo logo no início, fiquei num meio-termo. Primeiro, troquei meu nome de Jacques Levy para Jacob Levy, intensificando assim meu judaísmo; depois, acrescentei o nome do meio de meu pai, Moreno, Jacob Moreno Levy. Mais tarde, dei outra volta e tornei-me J. L. Moreno. Todas essas sutis diferenças começaram a aborrecer-me e então resolvi abandonar meu nome de uma vez e fiquei totalmente anônimo [...].

Às vezes, parecia-nos que nossa vida estava ameaçada. Podiam-se ver e ouvir grupos de estudantes nacionalistas caminhando através do vale à noite. Eles gritavam e berravam infamantes insultos. Costumavam ficar parados diante de nossa porta e cantar canções nacionalistas, olhando para as janelas iluminadas, esperando nos provocar para que investíssemos contra eles. Às vezes, ouvíamos tiros no vale e a atmosfera ficava envolta em pânico. Marianne chegou a ponto de ficar com medo de caminhar pelo vale, mesmo durante o dia.

Mas nossos [...] algozes não se aquietavam. Invadiam lugares públicos na região toda e se empenhavam em todos os tipos de provocação. Sempre que eu caminhava sozinho pela cidade, nossos inimigos me evitavam. Não havia mais confronto olho a olho com eles. Naturalmente, eu tinha uma enorme quantidade de seguidores na cidade. Todos os trabalhadores e suas famílias estavam a meu favor, e eles eram, de longe, a maioria. Sem saber, eu era um símbolo dos operários, seu sustentáculo contra os ricos, os endinheirados, os poderosos, os banqueiros e seus grupos. Eu estava bem protegido contra agressões. A gente humilde da cidade sabia melhor do que eu a extensão de minha exposição ao perigo e [eles] tomavam conta de mim. Mas não se sentiam protetores para com Marianne. Parecia-lhes pertencer à classe odiada e achavam que ela me tinha em suas garras. Para eles, eu era o homem inocente do povo, e ela, a bruxa [...].

Se eu não tivesse experimentado o amor de uma cristã por um judeu, a luta de um judeu contra a prevalecente mediocridade de uma sociedade germânica na ocasião, a inveja contra mim e aquele desejo de vingança, talvez nunca tivesse desenvolvido a intuição de que devia deixar a Europa a tempo de encontrar um novo refúgio nos Estados Unidos. Eu era uma ave migratória que sentia os ventos frios do outono antes que eles começassem realmente a soprar.

A partir de 1921, insisti com meus amigos para que deixassem a Europa e preparassem um novo local para nosso trabalho nos Estados Unidos. E, em 1925, eu os segui. Como a história provou, foi a decisão certa. Talvez minha motivação para emigrar também tenha transcendido a preocupação puramente pessoal com minha proteção e segurança física. Minha alma carregava uma enorme pressa migratória de engajar-me em jornadas fantásticas para todos os domínios do espírito, de encontrar um novo princípio que fosse bom para a humanidade seguir [...].

Finalmente, Marianne e eu nos tornamos amantes e assumimos nosso relacionamento. Nossas relações físicas se tornaram muito intensas, e nelas fundimos as ânsias espirituais do *Godplayer* com sua musa com o sexo puramente físico — que fora, por tanto tempo, irrelevante em minha vida. Nosso relacionamento se aprofundava cada vez que ficávamos juntos. Esperávamos casar-nos, apesar de nossas conversas sobre casamento serem muito raras [...].

Ela me seguiu até Hamburgo na véspera de minha partida para os Estados Unidos, em fevereiro de 1925. Tivemos uma noite de amor sem igual em todo nosso relacionamento. Prometi mandar buscá-la logo que me estabelecesse nos Estados Unidos. Eu de fato tencionava que ela fosse me encontrar, e nos correspondemos por um tempo. Algumas de suas cartas me tocaram muito. "Sempre que o novo chefe de saúde passa em sua Mercedes, eu choro." Após vários meses, parei de responder suas cartas. De certa forma, meus sentimentos por ela foram morrendo conforme eu me envolvia numa excitante vida nova [...].

8. SONHOS DE UM PROFETA

Eu me vi num carro, seguindo pela avenida de uma grande cidade. Anos mais tarde, pareceu-me que a avenida em meu sonho se assemelhava muito com a Quinta Avenida de Nova York. Havia arranha-céus em ambos os lados da rua e enormes alto-falantes ligados a todas as janelas. Muitos automóveis — tentei contá-los, mas não sei quantos eram — seguiam em longas fileiras. O tráfego estava misturado; cada carro tinha um alto-falante em lugar de uma buzina. Quando o motorista tocava a buzina, um anúncio falado era ouvido, em vez do barulho normal de uma buzina de carro. Ouvi: "O navio de passageiros mais rápido nos Estados Unidos é o *Mauretania*". O mais estranho era que esses e outros ruídos semelhantes repetiam-se automaticamente, como se fossem gravações. Outros anúncios como "Compre cigarros Camel" vinham das janelas dos arranha-céus. O sonho culminou num pesadelo barulhento, e acordei.

É raro eu sonhar, e mais raro ainda é me lembrar dos sonhos. Mas esse foi tão sugestivo que deixei todo o resto de lado e comecei a trabalhar dia e noite, com um jovem engenheiro, no modelo de uma máquina que reproduzisse som como no meu sonho.

Quando acordei, foi como se o sonho me dissesse: "Você tem dito tantas coisas desagradáveis sobre as máquinas, mas eis uma que vai ajudá-lo a sair da Europa e ir para os Estados Unidos, onde você poderá finalizar suas ideias".

Olhando para os últimos 50 anos, esse sonho insignificante foi o que de fato precipitou minha vinda à América. Foi o sonho que me empurrou para fora da Europa [...].

Tentei visualizar com clareza o que eu vira no sonho. Como um cientista que segue as dicas da natureza, tentei repetir o que eu tinha sonhado. Eu vira grandes discos girando rapidamente. Eles pareciam ser feitos de aço. Os sons pareciam emanar de campos magnéticos produzidos nos discos, gravados por uma espiral que consistia em uma linha contínua de pontos, mais ou menos fortemente magnetizada conforme a força ou a qualidade do som. Também parecia que as gravações eram transmitidas de algum lugar distante, talvez uma estação de rádio.

Após uma investigação, soubemos que os discos de gravação de aço eram uma ideia nova. A única coisa semelhante tentada no passado fora o sistema de gravação de um engenheiro dinamarquês, Valdemar Poulsen. Entendi os princípios físicos envolvidos — leis de Faraday —, mas Franz, o jovem engenheiro de Vöslau [com quem trabalhei], tinha a experiência técnica de traduzir a física e o sonho para um trabalho concreto. Logo em seguida, terminamos o primeiro modelo e o demonstramos em Viena. Uma reportagem sobre a invenção apareceu nos jornais de Viena, e a história foi divulgada pelos noticiários. Uma matéria apareceu no *New York Times* de 3 de julho de 1925. Recebemos uma oferta para ir aos Estados Unidos com nossa invenção, que chamei de "radiofilme" [...].

Cheguei a Nova York em outubro de 1925. Um jornalista que fora ao *Mauretania* procurando celebridades para entrevistar me perguntou o que eu sabia da vida nos Estados Unidos. Falei-lhe sobre algumas de minhas ideias [a respeito de] sociometria e psicodrama que talvez pudessem ser adotadas ali, acrescentando: "O mais importante sociólogo e *Godplayer* americano de que posso me lembrar é Walt Whitman".

Assim comecei minha nova vida nos Estados Unidos, com todas as suas demandas e exigências. Demonstrei o modelo da minha invenção logo que cheguei a Nova York. Assinei um contrato com a General Phonograph Corporation para fabricar e distribuir a máquina. A empresa recebeu a patente; concordamos em que eles nos pagariam *royalties* por dois anos e meio após a distribuição inicial do produto.

A empresa instalou a mim e a meu colaborador em Elyria, Ohio, por seis meses, a fim de ajudá-la a desenvolver e a melhorar o radiofilme. Foi o que fizemos.

Quando voltei a Nova York, na primavera de 1926, queria concentrar-me em ser médico, psiquiatra — ser psicodramatista, terapeuta de grupo, sociometrista. Mas a minha situação de imigrante precisava ser regularizada. Meu visto valia por apenas oito meses. Austríacos e romenos tinham dificuldade de entrar nos Estados Unidos sob as quotas de imigração normais. Eu estava a ponto de voltar para a Europa, de me envolver em algum esquema para mudar meu *status* imigratório, quando apareceu outra oportunidade. Fui para o Canadá por alguns dias para prorrogar meu visto. Visitei o cônsul americano e o dinheiro trocou de mãos, mas não consegui mudar meu *status* para permanente. O Serviço de Imigração estava crivado de corrupção naqueles dias. Todo tipo de extorsão e suborno corria solto, e havia muitos imigrantes ilegais nos Estados Unidos. Se eu não tivesse ido ao Canadá, talvez tivesse sido deportado.

O dr. Béla Schick, inventor do teste Schick para imunização da difteria, era um pediatra associado ao Hospital Mount Sinai. Béla e eu éramos bons amigos, e ele estava interessado em meu trabalho com crianças. A convite seu, fiz uma demonstração das técnicas psicoterápicas de *impromptu* em problemas de crianças. Esse modesto acontecimento bem pode ser visto como a primeira apresentação do jogo de papéis ou técnica de terapia de ação em uma instituição americana. Os médicos e as enfermeiras do departamento pediátrico do Mount Sinai aceitaram de imediato as técnicas de *impromptu*, e comecei a trabalhar na clínica de higiene mental do hospital, em colaboração com o dr. Ira S. Wile. O teste de espontaneidade e outros testes sociométricos foram desenvolvidos e refinados no Mount Sinai. Também trabalhei com Béla em espectroanálise por mais ou menos um ano. Era um novo campo, e me envolvi muito com sua física e tecnologia, mas foi um desvio e não demorou muito. Isso, porém, me ajudou a subsistir até que os *royalties* da minha invenção começaram a entrar, e recebi minha licença para praticar medicina nos Estados Unidos [...]. Beatrice Beecher dava palestras no hospital. Ela era especialista em problemas de família e em relacionamento social de crianças. Após uma de suas conferências, fomos apresentados e conversamos sobre o trabalho que eu estava fazendo com os drs. Schick e Wile.

Meu visto de imigração entrou na conversa porque naquela ocasião eu estava a ponto de voltar para a Europa, e isso não saía de minha cabeça. Beatrice, neta de Henry Ward Beecher, o famoso pastor [e abolicionista], sugeriu casar-se comigo para fins do Serviço de Imigração e depois se divorciar de mim. Assim, fomos [ao] fórum e nos casamos. Fui salvo por uma santa mulher.

Beatrice levava uma vida um tanto ascética. Ela trabalhava no Instituto Plymouth, no Brooklyn, instituição ligada à Igreja Plymouth dos peregrinos em que seu avô fora pastor por muitos anos. Quando a conheci, tinha uns 33 anos e era uma linda mulher de cabelos loiros e olhos azuis, muito esbelta.

Beatrice e eu vivemos juntos pouco tempo até o divórcio, mas não intencionávamos ficar juntos. Na primeira noite que passei em sua casa no Brooklyn, Beatrice preparou um magnífico jantar com peru. Ela disse: "Este é o nosso jantar de Ação de Graças". Apesar de termos nos separado logo depois, permanecemos amigos.

Beatrice introduziu o psicodrama às crianças no Instituto Plymouth. Ela era uma educadora brilhante e bem-sucedida em qualquer empreendimento a que se dedicasse. O psicodrama era uma mudança radical para uma fundação ligada à igreja, tanto assim que o *New York Times* publicou um artigo a esse respeito.

Trabalhamos juntos em vários projetos até sua morte, em meados de 1930, provocada por pneumonia. Foi um tipo raro de amizade. Éramos íntimos, mas não amantes. Quando faleceu, Beatrice deixou-me uma carta confirmando o que eu sempre sentira: que ela gostava muito de mim.

Agora que eu estava em via de tornar-me cidadão americano, graças a Beatrice, precisava de uma licença para praticar medicina no estado de Nova York. Isso gerou uma nova série de dificuldades. Os médicos de universidades estrangeiras tinham de fazer um exame em inglês que abrangia todas as matérias do *curriculum* da faculdade. Deviam também fazer residência em hospital por um período estipulado. As exigências para médicos formados no exterior eram muito mais rigorosas do que para os de instrução americana. Preencher esses requisitos era quase impossível naquela oportunidade. Mas então tive mais um pouco de sorte. O corpo de regentes, como que por milagre, reconheceu meu diploma sem nenhuma dificuldade e me concedeu a licença no dia 22 de setembro de 1927 [...].

O National Committee on Prisons and Prison Labor (NCPPL) era uma organização que incentivava inovações no campo de penologia e criminologia. Meu trabalho com as prostitutas em Viena, antes da Primeira Guerra Mundial, e em Mittendorf, com uma comunidade desorganizada ameaçada por desintegração social durante aquele conflito, havia me dado oportunidade de estudar o campo em primeira mão e de contribuir com ele. Quando fui para os Estados Unidos, minhas ideias de psicoterapia de grupo e a estrutura das relações humanas em instituições estavam bem desenvolvidas e atraíram certa atenção por lá. O NCPPL estava interessado no meu trabalho anterior e me ajudou a encontrar modos de dar continuidade a ele em instituições americanas. O dr. E. Stagg Within era um criminologista bem conhecido e professor de criminologia na Columbia University, além de presidir o conselho executivo do NCPPL. Foi ele quem patrocinou meu trabalho, primeiro dando-me livre acesso às instituições e depois levantando o dinheiro de que precisávamos para financiar nossa pesquisa. Fui nomeado diretor de pesquisa social do Departamento do Bem-Estar Social do Estado de Nova York. Minha pesquisa nesse ponto abrangeu duas áreas: trabalho na prisão, principalmente na Prisão de Sing Sing, e trabalho na New York State Training School for Girls em Hudson, Nova York.

O diretor Lewis E. Lawes estava em Sing Sing quando fui para lá. Ele me introduziu na sala da qual podia ver a prisão através de uma enorme janela. Disse-me, enquanto observávamos os homens embaixo: "Não sou cientista nem psicoterapeuta, mas só olhando por essa janela posso escolher alguns homens que me dirão tudo que preciso saber sobre o que está acontecendo na prisão. Sou um simples sargento. Não necessito de nenhuma 'psicoterapia de grupo' na prisão". Porém, depois que Lawes viu um pouco do nosso trabalho, principalmente nossos sociogramas, disse: "Você pode me ajudar". Lawes tornou-se muito famoso no campo de penologia. Fizeram um filme sobre sua vida: *Twenty thousand years in Sing Sing* [Vinte mil anos em Sing Sing].

Nosso objetivo era tornar a prisão uma sociedade terapêutica em que os homens fossem organizados em grupos baseados nas necessidades e nas forças de cada um dos integrantes. Eu sabia, por experiência prévia, que a simples distribuição de pessoas em grupos nos quais cada uma podia funcionar positivamente melhoraria muito sua saúde mental e teria consequências positivas para suas interações sociais.

Apresentei meus achados num documento que foi lido na reunião da Associação Americana de Psiquiatria (APA) em Toronto, Canadá, em 5 de junho de 1931. Eu acabara de ser eleito membro da APA e caminhei orgulhoso pelos corredores da sala de reuniões no belo Royal York Hotel, em Toronto. O falecido dr. Walter M. English, o então presidente da APA, se aproximou de mim e disse: "Dr. Moreno, o senhor talvez tenha ouvido que o dr. A. A. Brill está lendo um trabalho sobre Abraham Lincoln como humorista. Ele me pediu que o convidasse para ser o debatedor".

Fiquei surpreso e murmurei: "Sinto-me muito honrado pelo pedido do dr. Brill, mas nunca tive o prazer de conhecê-lo e, ademais, duvido que possa satisfazer sua expectativa. Não sou um psicanalista".

Após uma pequena pausa, English acenou-me de forma aprovadora. Continuei caminhando, meu peito inchado de brilho narcisista.

Dei mais alguns passos, com perguntas rapidamente passando pela minha mente: "O que estará acontecendo aqui? Será que Brill é fraco como debatedor? Estarei me metendo em alguma encrenca? Por que me escolheu? Vejo aqui muitos psicanalistas extraordinários".

Foi então que Brill passou perto e assim nos conhecemos. Brill me deu uma cópia de seu trabalho e disse: "Tenho ouvido coisas lindas sobre seu trabalho. Fico contente de você estar disposto a falar sobre o meu". Logo depois, o dr. English encerrou a reunião, uma sessão conjunta com a Associação Americana de Psiquiatria.

O trabalho do dr. Brill foi o primeiro a ser lido naquele dia. O auditório estava lotado até o último cantinho quando Brill começou a ler. Assim que terminou, o dr. English disse: "Senhoras e senhores, esse ensaio foi tão interessante que fiquei triste por ele ter terminado. Agora abriremos as discussões. Mas, tendo em vista a apresentação, nada vejo que possa ser questionado".

Subi no tablado e comecei meu discurso: "Sr. Presidente, senhoras e senhores. Ouvi tudo com cuidado, mas não estou certo agora se o ensaio do dr. Brill é sobre Lincoln ou um trabalho de psicanálise. O título do documento é 'Abraham Lincoln como humorista', mas bem poderia ter sido intitulado 'Dr. Brill como humorista'. Não é justo psicanalisar a personalidade de um homem que está morto, como o senhor fez, sem seu consentimento. Deve haver, portanto, uma razão *especial* para fazê-lo. As conclusões do dr. Brill estão baseadas nos depoimentos de amigos e contemporâneos que podem ter tido incontáveis motivos para relatar todo tipo de história sobre Lincoln. Tivesse um psiquiatra contemporâneo feito um estudo sobre Lincoln, o dr. Brill teria justificativa, até certo ponto, para aceitar os depoimentos. Mas, como não houve nenhum estudo científico do grande Emancipador Americano durante sua vida, nada justifica tentar analisar sua personalidade pelo que foi relatado sobre ele por leigos".

No dia seguinte, os jornais de Nova York, Washington, Chicago, Los Angeles, Toronto, Montreal, Londres e Paris publicavam a surpreendente notícia de que Abraham Lincoln era realmente uma personalidade esquizofrênica, conforme psicanalisado pelo dr. A. Brill. A notícia terminava assim: "Um americano por adoção levantou-se para defender um falecido presidente dos Estados Unidos na sessão de hoje da Convenção da Associação Americana de Psiquiatria [...]. O crítico do dr. Brill foi o dr. J. L. Moreno, psiquiatra de Nova York, anteriormente de Viena". O noticiário *Pathé* me chamou para uma entrevista sobre a controvérsia de Lincoln. Primeiro, apareci e disse algumas palavras sobre Lincoln. Depois Brill respondeu, falando sobre psicanálise. Tivemos uma controvérsia. O noticiário foi exibido semanas a fio e suscitou um bom número de comentários.

Meu trabalho foi lido no mesmo dia que o do dr. Brill. A recepção a minhas ideias foi variada. O dr. William Alanson White, um dos gigantes da psiquiatria americana, me preveniu: "Primeiro, você ganhará os sociólogos, depois os psicólogos sociais, depois os clínicos gerais, depois as pessoas simples, mas você não viverá para ver o dia em que os psiquiatras aceitarão a psicoterapia de grupo" [...].

Felizmente para mim, a previsão de White sobre os psiquiatras estava errada, embora sempre tenha havido obstáculos para a aceitação de minhas ideias. Os freudianos [nos] Estados Unidos não foram um bloco monolítico opondo-se a quaisquer teorias que diferiam de seu mestre. Sándor Lorand, Olga Knopf e Franz Alexander eram analistas cuja mente estava aberta para novas ideias. Paul Schilder, com quem tive encontros frequentes de 1931 em diante, também era um bom amigo. Ele apreciava a sociometria, mas não conseguia ver valor em psicoterapia de grupo, apesar de ter mudado de ideia mais tarde. Todavia, a resistência profunda dos colegas e da academia psiquiátrica persiste até agora. Tive de seguir meu caminho de forma bem independente [...].

Outra figura importante em minha vida foi Fannie French Morse, a quem dediquei a primeira edição de *Quem sobreviverá?*. A dra. Morse foi superintendente da New York State Training School for Girls em Hudson, Nova York, de 1923 a 1937. Eu a conheci em

1931, quando ela me convidou para trabalhar na escola por um tempo. A sociometria a interessava e ouvira falar do trabalho que eu estava fazendo em Sing Sing. Ela sempre recebia bem os cientistas sociais e quaisquer avanços que pudessem trazer nesse campo. Desde a primeira vez que vi essa mulher roliça e forte, de personalidade resoluta e poderosa, reconheci que ela era a mulher mais extraordinária que eu conhecera. A dra. Morse era uma pessoa imperiosa, ótima educadora e administradora. Tinha sob seus cuidados aproximadamente dez mil garotas entre 12 e 18 anos. A escola abrigava cerca de 500 jovens. O resto estava em orfanatos ou sob a tutela do Estado. [...].

A dra. Morse conseguia recolher essas jovens, muitas delas grávidas, inúmeras sofrendo de doenças sexualmente transmissíveis (tantas, na verdade, que havia uma ala especial no hospital para elas), e as transformava em jovens preparadas para retornar ao mundo e levar uma vida decente. Seu sistema era baseado nos ideais de educação humanística de que cada indivíduo tem alguma área de habilidade, algum potencial que pode ser desenvolvido. Ela fazia de tudo para garantir que suas garotas aprendessem o que quer que elas, como cidadãs, precisassem aprender. A dra. Morse também se certificava de que as pessoas que trabalhavam em Hudson implementassem totalmente seus ideais.

Não foi de jeito nenhum o acaso que me levou a assumir o trabalho de levantar e medir as relações interpessoais. Foi em consequência do trabalho de dirigir um teatro de espontaneidade. Era lógico que eu procurasse alguns princípios naturais intrínsecos à interação espontânea entre atores, já que num teatro pleno de espontaneidade sem censura as afinidades espaciais e temporais entre atores prometiam dar ao diretor dicas sobre a adequação ou inadequação dos atores à *performance*. Logo descobri que, quanto menos fictícias eram as interações para os atores, maior era o envolvimento pessoal e privado deles com esses papéis e interações, e mais significativa para mim se tornava a contagem dos segundos, das polegadas, das palavras e das escolhas. Quanto mais o teatro da espontaneidade virava um grupo de teatro do mundo particular de gente de verdade, mais compensador se tornava para a pesquisa da espontaneidade. Os pesquisadores de interação que não começam com uma contagem das matrizes espontâneo-criativas de seus projetos experimentais são como arquitetos que tentam fazer-nos acreditar que uma casa pode ser construída sem fundação. No meu caso, os fundamentos do meu trabalho, construídos sobre o campo de minhas especulações metafísicas, eram o teatro da espontaneidade.

Dei demonstrações de técnicas do teatro espontâneo em escolas e colégios durante 1926 e 1927. Numa dessas demonstrações, conheci o professor William H. Bridge, da Hunter College. Ele ensinava Oratória e Literatura Inglesa, mas estava a ponto de ser dispensado da Hunter porque tinha beijado uma de suas alunas. Nós ficamos amigos. Bridge era um belo e atraente cavalheiro inglês, um *gentleman*. Formávamos uma boa parceria. Mais tarde, Bridge se tornou diretor e administrador do Martha Graham Dance Troupe.

Resolvemos que Teatro do Impromptu era um nome mais atraente e fácil de lembrar do que Teatro da Espontaneidade. Nossas sessões, que começaram em 1927, aconteciam três vezes por semana num estúdio alugado em Carnegie Hall. Foi numa dessas primeiras sessões que conheci muita gente maravilhosa a quem fiquei ligado a vida inteira. Naquela época, Helen H. Jennings era uma jovem estudante graduada na Columbia University. Sempre interessada em novas ideias, ela se tornou minha aluna, sendo muito dedicada. Sociometria, terapia de grupo e psicodrama: tudo a interessava. Seu trabalho, através dos anos, foi de grande ajuda para ampliar e difundir minhas ideias pelo mundo inteiro.

Helen era brilhante e ambiciosa. Dei-lhe meu emprego público de diretor de pesquisa social — isto é, ela fazia o trabalho e recebia o salário, enquanto eu retinha o título. Sempre achei Helen o máximo. Ela é uma das cientistas sociais mais talentosas que já conheci. E também uma das poucas mulheres que realmente gostavam de mim, embora não fôssemos amantes. Helen casou-se com um editor de Washington, mas o casamento não durou [...].

Helen apresentou-me a seu mentor na Columbia University, dr. Gardner Murphy. Nós desenvolvemos uma ligação profissional e de amizade que durou anos. Gardner, sua esposa, Lois Bareclay Murphy, e seus dois filhos foram as primeiras pessoas a usar o palco de psicodrama em nosso teatro em Beacon. Lois era professora de Psicologia infantil na Sarah Lawrence College, em Bronxville, Nova York.

Por meio de Gardner conheci Kurt Lewin, que se tornou meu aluno, Gordon Allport, Hadley Cantril, William Kilpatrick, Nolan D. C. Lewis, Eduard C. Lindeman, Robert S. Lynd, autor de *Middletown*, e Theodore M. Newcomb. Assim, Gardner possibilitou que minhas ideias, principalmente a sociometria, entrassem no cotidiano da vida acadêmica americana. Juntos, publicamos a revista *Sociometry*, começando em 1937 [...]. [Quando] Gardner veio visitar-me em Beacon para ajudar a mapear nossa estratégia editorial, sugeri que denominássemos a revista de *Sociometry*. Ele disse, distraído: "Tenho um amigo do outro lado do rio. Seu nome é Rhine. Ele está trabalhando com percepção extrassensorial ou parapsicologia. Rhine também quer começar uma revista. Por que não nos juntamos a ele?"

Respondi com uma risada: "Bem, podemos chamar nossa revista de *Parasociometry*". Felizmente, esse foi o fim da ideia e mantivemos nossos caminhos separados. *Sociometry* ainda é publicada (como *Social Psychology*), mas agora sob a égide da Associação Americana de Sociologia.

William Bridge e eu tínhamos um programa, o *Living Newspaper* (Jornal vivo), que foi transmitido pela Rádio WOR. Alugamos o Guild Theater na Broadway para apresentar o *Living Newspaper* a um público maior. Naquele tempo, muitos atores estavam desempregados. Orson Welles se envolveu com o projeto em 1933. Mais tarde, ele acabou fazendo um dos melhores filmes já vistos, *Cidadão Kane*. Ele também se notabilizou pelo programa de rádio, que seu grupo do Mercury Theater colocou no ar em 1937, sobre a invasão da Terra por habitantes de Marte. Seu realismo da invasão marciana decorreu diretamente, creio eu, de sua experiência com o *Living Newspaper*.

Conheci Howard Blakeslee, editor de ciência da Associated Press, em 1933, na convenção do New York State Medical. Alguém lhe mostrou um folheto sobre sociometria que incluía diversos sociogramas. Ele sempre estava em busca de algo novo para noticiar e tornou-se um ávido estudante de sociometria e de psicodrama. Blakeslee era autodidata, tendo deixado a escola após terminar o ensino fundamental. Fiquei espantado com sua capacidade de escrever uma história complexa rapidamente, com precisão digna de elogio e magnífica brevidade.

Blakeslee encarregou Lillian Genn de redigir um artigo sobre sociometria, que apareceu nos jornais do país inteiro em 1935. Mais tarde, ele escreveu ou encomendou histórias sobre psicodrama que criaram uma grande audiência popular para minhas técnicas.

Em fins do verão de 1935, Blakeslee se envolveu no cenário de esportes, o que me trouxe extraordinária publicidade. Eu acreditava que, estudando as características psicológicas dos boxeadores, seria possível predizer o resultado de suas lutas. Ele me pediu para fazer o estudo. Minha ideia teve seu primeiro teste na luta Max Baer-Joe Louis naquele outono. Visitei os boxeadores em seus campos de treinamento, falei com eles, observei suas lutas e conversei com amigos e parentes dos lutadores.

Max Baer casara-se recentemente com uma garçonete do Windsor Hotel em Washington, D.C., e estava combinando o treinamento com a lua de mel. Eu lhe disse: "Ou você treina para a luta ou faz amor com sua mulher!" Baer me contou que estava tendo terríveis pesadelos em que Joe Louis batia e cortava seu corpo com os punhos a noite inteira.

Concluí, não somente pelas duas observações, que era mais provável que Joe Louis ganhasse a luta e se tornasse campeão. Minha previsão foi noticiada pelos jornais do país inteiro, em geral sob meu nome, mas às vezes sob o de Blakeslee.

Eu não estava particularmente interessado em esporte, embora tenha jogado futebol em Viena quando criança. Mas o estudo dos boxeadores deu-me a oportunidade de conhecer um novo e fascinante tipo de pessoa e abriu outra área da vida americana para mim. O ano de 1934 foi o ápice da carreira de Damon Runyon, e o mundo colorido dos esportes era mais revigorante do que aquele que conheci na Columbia University, onde eu dera conferências, e mesmo [do] mundo teatral no qual eu estava envolvido.

Naturalmente, a atividade [esportiva] foi algo extremamente heterodoxo para um médico e psiquiatra assumir. Alguns podiam ter considerado a publicidade que obtive como quebra de ética médica. Felizmente, Howard era tão respeitado na comunidade científica que minha reputação profissional não foi prejudicada. Continuamos a estudar os boxeadores e a prognosticar resultados de lutas até a de Rocky Marciano *versus* Ezzard Charles, em 1954. Jamais fiz uma previsão errada nesses estudos. Diverti-me bastante com isso [...].

Em 1936, achei um belo lugar no Hudson River [para sede de meu próprio hospital de doenças mentais]. Para obtê-lo, tive de fazer um pagamento inicial de US$ 2 mil. Nesse momento, Ina Truman me emprestou a quantia de que eu precisava. Ina e sua irmã, Rose, eram solteiras e devotadas à mãe, que era doente mental. Ela se tornou minha paciente e apresentou algumas melhoras sob meus cuidados, apesar de o prognóstico anterior ter sido bastante ruim.

As irmãs ficaram tão gratas a mim que queriam me ajudar de todas as maneiras possíveis. Rose Truman era decoradora de interiores e trabalhava na Lord & Taylor. Ela decorou todos os quartos do meu sanatório em estilo real.

No casarão branco em Beacon [Nova York, que eu tinha comprado], senti-me novamente um deus. A princípio, era um hospital sem pacientes. Eu era meu único paciente. Mas então um milagre aconteceu, preparando o caminho para outros milagres.

A propriedade que os US$ 2 mil de Rose e Ina tinham garantido valia uma boa soma em dinheiro. Eu nem sabia de onde viria minha próxima refeição, mas, como tinha um caso muito especial com Deus, fui adiante com meus planos para o hospital. Contratei encanadores, eletricistas, carpinteiros, pintores e todos os trabalhadores necessários para equipar um sanatório. Fui ao Fishkill National Bank em Beacon para depositar os primeiros US$ 2 mil. O tesoureiro do banco que abriu minha conta era também tesoureiro de outro sanatório em Beacon. Ele me deu as boas-vindas à cidade. "O senhor está começando o negócio?"

"Sim", respondi. "Sabe, eu tenho um caso especial com Deus." Ele sorriu, cético.

No dia seguinte senti que precisava ter sorte imediatamente, caso contrário estaria acabado. Naquele dia, recebi um telefonema: "Estou ligando em nome de sra. Gertrude Franchot Tone. Ela o convida para jantar amanhã à noite no Waldorf Towers". Fui ao Waldorf e conheci uma senhora, que se apresentou: "Sou Gertrude Tone, dr. Moreno. Estou contente por ter vindo".

Eu disse, após beijar-lhe a mão: "Prazer em conhecê-la, mas a que devo essa honra?"

"O senhor não sabe?", perguntou ela, apanhando um livro. "Este livro, *Quem sobreviverá?*, me entusiasmou, e achei que deveria conhecer o autor dele, o senhor." Olhei, então, para ela com profundo interesse. Tinha belos cabelos brancos, olhos azuis e um porte distinto. Achei que devia ter uns 60 anos, com 1,70m. Usava um vestido longo que quase varria o chão. Repetiu o convite para jantarmos. Ao aproximar-me dela para acompanhá-la à sala de jantar, senti cheiro de álcool em seu hálito. Imediatamente percebi que ela era alcoólica. "Vamos brindar a *Quem sobreviverá?*", e ergueu uma taça de champanhe. Eu também fui servido. "Sabe, eu fui marxista e freudiana. Fiz psicanálise com Freud. Mas, quando li *Quem sobreviverá?*, imediatamente senti que este era um livro que duraria para sempre, que transcendia até mesmo Marx ou Freud."

Quando ela soube de meus planos para um sanatório, e quando eu lhe contei que ia construir um teatro de psicodrama lá, ela disse num arroubo de entusiasmo alegre: "Que ideia maravilhosa! Eu adoraria fazer parte dele. Posso ir? Sinto que é meu destino. Sou uma beberrona e uma grande fumante. Se eu ficar aqui, morrerei. Minha vida está vazia, meus filhos já cresceram. Este sonho é justamente do que preciso".

Na manhã seguinte recebi uma ligação de Niagara Falls. Era de Frank J. Tone, o marido de Gertrude. Ele descobrira o processo de produção do carbeto de silício, sendo o chefe da U. S. Carborundum Corporation, um homem fabulosamente rico. Pediu-me para tomar o avião para Niagara Falls imediatamente, se possível. Eu o fiz. Sentamos em seu escritório. "Minha mulher está muito doente. Ela herdou US$ 20 milhões de seu pai, o falecido senador Franchot. Ela vai de um bar a outro toda noite e assina cheques para qualquer danado de comunista que lhe peça ajuda. Dessa forma, até US$ 20 milhões não vão durar muito. Pelo que entendi, ela deseja ficar em Beacon como sua hóspede. Tudo bem, quanto?" Mencionei uma quantia exorbitante.

"Farei um cheque de seis meses adiantado. Mantenha-me informado de como vão as coisas." Ele também me preveniu para que não contasse à sra. Tone que já me havia pago. Supunha que sua mulher deixaria Beacon imediatamente se suspeitasse da mínima associação minha com o sr. Tone. Ele também disse que tinha certeza de que quereria me pagar pela estadia. Disse-me que aceitasse tudo. Ele só queria ter certeza de que seus cuidados estariam plenamente garantidos e de que não teríamos dificuldade nenhuma com finanças enquanto ela estivesse conosco.

Fui ao Fishkill National Bank no dia seguinte e depositei o cheque dele. Agora podia pagar os carpinteiros, encanadores, eletricistas, decoradores, jardineiros e todos os outros trabalhadores.

No dia seguinte Gertrude chegou com 20 malas. Enquanto eu a acompanhava escadas acima, disse-lhe: "Tenho uma condição, não poderá tomar *nada* de álcool enquanto estiver aqui".

Ela respondeu: "Prometo não encostar numa gota de álcool enquanto estiver aqui". Ela manteve sua palavra. "Planejo ficar aqui muito tempo, talvez pelo resto da vida. Sou uma mulher rica. Você deve ter grandes despesas. Não posso de forma alguma ficar sem lhe pagar. Quanto é?" "A senhora é que sabe", respondi. Foi interessante ver que ela me deu um cheque da mesma quantia que seu marido me dera.

Gertrude não dormia à noite, mas descansava na grama do jardim, olhando as estrelas e procurando prever o futuro do mundo pela leitura dos astros. Era uma astróloga intuitiva. A sra. Tone dormia o dia inteiro e só fazia uma refeição à noite, que ela chamava de meu "*brupper*"[21]. Lia muito e me ajudava nos meus escritos. Contratou uma secretária especial para tomar ditado e datilografar. Encontrávamo-nos toda noite para o jantar, sentados frente a frente na cabeceira de uma mesa que comportava 24 pessoas. Gertrude nunca fazia telefonemas, mas recebia muitos.

Visto que foi em virtude de sua benevolência que conseguimos construir o teatro do psicodrama, em Beacon, ele foi dedicado a ela. O teatro foi inaugurado em 1937, e Gertrude passou muito tempo lá com convidados que trouxe de Nova York. Seu filho, Franchot Tone, e a esposa, Joan Crawford, eram visitantes frequentes de Beacon naqueles dias. Stella e Luther Adler vieram com um amigo, Elia Kazan.

Lembro-me em particular de Franchot Tone e Joan Crawford tentando resolver um problema conjugal simples no palco do psicodrama. Ela queria morar na Califórnia; ele, em Nova York. Concordaram, brincando, em morar seis meses em Hollywood e seis meses em Nova York. Mesmo assim, seu casamento durou apenas um ano.

Minha relação com Gertrude era puramente intelectual. Era uma amiga muito chegada de Dorothy Thompson, a ex-esposa de Sinclair Lewis. As duas foram sufragistas e, claramente, precursoras das atuais feministas liberais.

---

21. *Breakfast* e *supper* — café da manhã e jantar. [N.T.]

A sra. Tone era uma verdadeira rebelde, sendo contrária a todas as instituições, inclusive o casamento. Eu beijava sua mão duas vezes ao dia, antes e depois do jantar. Nosso relacionamento, no entanto, era distante. Para mim ela era uma pessoa muito fria. Porém, um dia, depois de vários meses de convivência na grande casa branca, antes de subir para seu quarto, ela parou, olhou para mim, sorriu e disse: "Bem, dr. Moreno, vamo-nos casar. Podemos escapar muito facilmente". E parou. Talvez estivesse pensando na nossa diferença de idade e no que as pessoas poderiam dizer. "Veja, tenho dinheiro parado no banco. Você tem muitas ideias. Imagine o que meu dinheiro pode fazer para disseminar suas ideias pelo mundo todo!"

"Bem!", respondi. "Agradeço-lhe pelas suas honrosas intenções, mas sempre achei que podia consegui-lo por mim mesmo." Aparentemente, ela não sabia que eu tinha um caso especial com Deus. E assim, após esse incidente, nosso relacionamento voltou ao que sempre fora, muito formal.

A sra. Tone era uma espécie de musa, como nos velhos tempos. Era ilustre de nascimento e por sua fortuna. Estava interessada em meu trabalho e procurava patrociná-lo. Teve forte influência, talvez benéfica, sobre a forma como eu vivia. Durante uns dois anos e meio, de 1936 a 1938, tive uma vida muito estável. Minhas relações com as mulheres ficavam restritas à minha primeira mulher [Beatrice] e ao distante relacionamento com a sra. Tone. Ainda que não celibatário nesse tempo, eu estava mais próximo do que nunca de sê-lo. Meu afastamento da sexualidade me lembrava dos meus primeiros anos em Vöslau. Nem sequer sonhava com sexo.

Fui muito produtivo enquanto Gertrude ficou em Beacon. Senti a velha paixão pelo *Godplayer*, embora não no sentido específico que prevalecera no período 1909-1914 e em Vöslau. Levei a vida de um homem bem estabelecido, uma espécie de grão-senhor. Esse estilo de vida foi um bom antídoto para todas as tempestades dos poucos anos anteriores de aventura. Eu podia ter continuado com

essa vida se Gertrude não tivesse se recuperado do alcoolismo e mudado para Beverly Hills, onde passou o resto da vida.

Não houve lágrimas quando ela partiu. Separamo-nos como
dois sábios que se separam, sabendo que jamais se reencontrarão.
Quando Gertrude morreu, durante a guerra, e seu último testamento
foi lido, ela deixou muitos presentes e lembranças a inúmeras pessoas.
Eu não estava entre elas.

9. MINHA BUSCA DE UMA NOVA MUSA

Eu me atirei numa atividade intensa, procurando obter apoio às minhas ideias. Encontrei muitos auxiliares que, generosos e entusiastas, passaram a dar a elas um lugar ao sol. Mas eu tornara meu trabalho extremamente complicado em decorrência da paternidade de três descendentes — sociometria, psicoterapia de grupo e psicodrama. Novamente, estava fazendo o papel do confuso *Godplayer* [...].

Em meio a todo esse trabalho febril, vi-me sem uma musa. O aspecto mais importante de minha busca de uma musa foi tentar integrar a parte sexual da minha pessoa ao *Godplayer*. Minha tragédia na Europa foi que lá vivi uma coisa ou outra. Nos campos de guerra [na Itália, as italianas], as mulheres que eu encontrava eram apenas mulheres, e eu era apenas um homem para elas, sem pretensões, mas com uma grande dose de bondade no coração e sinceridade. Não pensei que aqueles dias pudessem ser repetidos. E também havia a outra alternativa em Vöslau, onde eu era um *Godplayer par excellence*. Mas comecei a meditar: "Como se pode vir a ser um homem natural e um *Godplayer* sem nenhum conflito entre as duas tendências?" Queria encontrar uma mulher que fosse tanto uma amante como uma princesa do espírito. As biografias de gente superior são surdas e mudas a esse respeito [...]. Não me lembro de nenhum caso notório de integração "completa" de dois papéis conhecidos ou relatados na literatura.

Pode um homem ser musa? Sem dúvida, pode. Entretanto, ele não é a versão popular de uma musa. Pode-se pensar em Arão como musa para Moisés, ou em Platão como musa para Sócrates. Na minha vida, foi meu irmão, William.

William partiu para a América pouco antes de mim. Entrou no ramo têxtil em Nova York e ganhou muito dinheiro, chegando finalmente a ter uma empresa própria. William foi minha mão direita naqueles dias. Estava sempre pronto a ouvir o que eu tinha a dizer e [...] disposto a ajudar-me a realizar minhas ideias. [Em 1942,] William doou [fundos] a nosso teatro de psicodrama em Nova York [...].

Certo dia, o banco [...] em Beacon me avisou que US$ 10 mil tinham sido depositados em minha conta por um doador que desejava permanecer anônimo. Cerquei o pessoal do banco até que divulgaram que meu irmão havia feito o depósito. William também foi importante no lançamento de nossa editora, Beacon House. *Sociometry*, a revista, foi nosso primeiro esforço, seguido pela edição americana de *As palavras do pai* e de muitas outras publicações.

Acho que o fato de ter minha editora ajudou-me a ser independente. Tenho notado que as editoras, interessadas em sucesso comercial, às vezes pegam os livros e os modificam a ponto de se tornar irreconhecíveis pelos autores. Como eu tinha uma mensagem que era radical naqueles dias, precisava ter certeza de que meus livros não seriam mutilados por algum editor [com o qual] eu assinasse contrato. Meu irmão compartilhava de minha desconfiança dos editores. Ele também queria que eu tivesse uma vitrine adequada para meu trabalho. E queria ficar perto de tudo que eu estivesse fazendo. Como, porém, não tinha credenciais profissionais, não podia ser meu sócio completo. Mas era um ótimo negociante. Ele achava que dirigindo uma editora poderia participar da minha vida, incrementar minhas ideias e ter uma renda ao mesmo tempo. Se a editora tivesse sido um sucesso comercial, William teria desistido do ramo têxtil para trabalhar nela em tempo integral. Mas nunca conseguimos ganhar muito dinheiro com ela [...]. Depois de ganhar bem no ramo têxtil, ele entrou no mercado de ações e no ramo imobiliário. Sempre fora muito dedicado à família, como os tios ricos que nos haviam ajudado quando éramos crianças. Se qualquer um de nós precisasse de alguma coisa, era só pedir a William.

Dessa forma, William, meu irmão, foi minha musa. Ele foi o único membro da minha família que me deu completo apoio e encorajamento.

Mas as mulheres têm maior potencial para o estímulo e a inspiração de um *Godplayer*. Pode-se pensar na musa Beatriz para Dante. Na idade de 14 anos, Beatriz fez mais pela fantasia de Dante do que pelo homem real. Dante nunca tocou nela.

A mulher tem a vantagem de ser do sexo oposto e ter um apelo físico diferente de um homem. Ela pode, em todo sentido, tornar-se sócia, amante, cocriadora.

Também pensei na musa de *Fausto*, de Goethe. Gretchen era a musa que agradaria um *Godplayer* feliz. Um *Godplayer* infeliz como Hitler teve uma musa negativa, Eva Braun; por fim, ele a destruiu, bem como a si mesmo e muito da civilização ocidental.

Descobri cedo em minha carreira americana que o mundo americano não foi feito para musas e para *Godplayers*. *Godplayers* de tipo inferior, como Billy Graham, Billy Sunday ou, em dias passados, Henry Ward Beecher, quase sempre explodiam na cena americana.

Tive de refletir um pouco sobre a minha natureza como *Godplayer* e sobre a reação do *Godplayer* a seu eu sexual. Esse foi um tema recorrente nos primeiros 40 a 50 anos de minha vida. Na mitologia do *Godplayer*, não encontrei nenhuma resposta certa às minhas perguntas. Seria Deus casado? Inúmeros tipos de relações com mulheres povoam a mitologia do *Godplayer*. Primeiro, temos o modelo de Jesus Cristo. Ele não se casou, e aqueles que permaneceram celibatários por princípio modelaram sua vida pela dele. Mas há outros, como Sócrates, que se casou com Xantipa. E li sobre o príncipe Gautama, que, conforme as Escrituras, casou-se e deixou sua família para levar uma vida solitária. Também há o caso de Sabbatai Zevi [falso messias que apareceu numa comunidade judaica turca durante os anos 1600], que viveu com uma mulher mas, em protesto contra os costumes, não tocou nela.

Eu tinha vivenciado muitas formas de não casamento, sem, entretanto, me fixar em nenhuma forma permanente. Parece razoável que duas pessoas que se descobrem, um homem e uma mulher, vão complementar-se e viver em harmonia razoável com suas fortalezas e suas fraquezas. Há, entretanto, muito mais registros de fracassos do que de sucessos [...].

Por isso, passei por um período de selvageria. Comecei a meditar em como a vida passa rapidamente. Momentos de grande alegria acabam tão depressa como os momentos de desgosto profundo [...]. Atrizes, dançarinas, escritoras, psicólogas, rebeldes: muitas tentaram seduzir-me. Muitas conseguiram [...].

Lembro-me em particular de uma jovem armênia que parecia um boxeador. Ela era bela apesar disso. Eu apreciava sua musculatura, sua agressividade, sua independência. Tinha ouvido falar do livro sobre Deus, e queria ajudar-me a encontrar um editor. Tinha boas ligações com pessoas importantes nas editoras de Nova York. Veio ver-me. Eu estava morando em East Side, perto da Quinta Avenida.

Ela entrou com um sorriso radiante. Qual foi a primeira coisa que fez? Pegou no meu braço e disse: "Vamos acabar logo com isso". Despiu-se, atirou-se na minha cama e praticamente me tirou a roupa. Assim que terminamos ela disse: "Agora podemos falar sobre assuntos sérios". Aparentemente, ela acreditava que todos os homens tinham uma obsessão por sexo e ela deveria liberá-los primeiro para que desempenhassem seu papel social de maneira satisfatória. Ela praticara sua crença com outros também, posso jurar. Como não me impressionara como musa potencial, parei de encontrar-me com ela.

Pouco depois, encontrei-a no Restaurante Sheik, na Quinta Avenida, em companhia de *Sir* Julian Huxley, o famoso biólogo e autor inglês. Ela fizera uma viagem ao redor do mundo com ele. Então compreendi seu método de colecionar homens famosos ou em via de ser famosos.

Alguns meses depois, envolvi-me com uma linda e jovem professora de Literatura Inglesa numa faculdade local. Ela datilografou parte de *As palavras do pai* para mim. Toda noite, quando eu a encontrava, ela me trazia novas transcrições do manuscrito. Dividia um apartamento de luxo com um escritor aspirante que apostava no mercado de ações. Ele ocupava o apartamento durante o dia e ela, à noite. Não ficou muito tempo comigo porque costumava vangloriar--se de suas conquistas masculinas. Não era muito convidativo para mim compartilhar uma mulher promíscua a ponto de negligenciar-se com tantos outros homens [...].

Conheci uma bela jovem, sensível e delicada, que se formara recentemente na Elmira College, na parte setentrional de Nova York. Seu nome era Florence Bridge. [Era] filha única de um maquinista de trem, William Bridge, de Port Jervis, Nova York. Sua mãe falecera quando ela tinha 5 anos. Seu pai se casara novamente, mas [era] devotado à filha. Florence retribuía esse amor. Ela era orientadora pedagógica na Hudson School for Girls e estava se preparando para uma carreira em assistência social [...]. Por um período de seis meses a um ano, nós ficamos cada vez mais íntimos. Ela por fim veio morar comigo e então nos casamos [...]. Florence era uma mulher bonita, baixa e morena [...]. Eu me impressionara particularmente com sua capacidade de ensinar em Hudson. Nas fotografias, Florence nunca parecia fotogênica. É preciso ver certas pessoas ao vivo para apreciar sua beleza.

Nosso casamento aconteceu quando eu começava a minha vida em Beacon e acabara de abrir o sanatório. Florence morou na pequena casa da entrada, onde moro agora, e os pacientes ficavam no casarão branco, onde os estudantes do instituto (agora) moram e trabalham [...].

Florence era uma excelente pesquisadora e publicou diversos trabalhos em nossas revistas. Ela estava sobretudo interessada na educação de crianças e fazia pesquisas sobre as interações de crianças de escolas maternais e jardim de infância.

Nossa filha nasceu em 1939. Regina foi uma criança linda, e Florence era uma mãe excepcionalmente dedicada [...] mas nosso casamento deteriorou e nós nos divorciamos (em 1949) [...]. Nunca deveria ter me casado com Florence. E não fui um bom marido para ela. (Florence casou-se mais tarde novamente e teve outro filho.)

Regina teve uma relação muito próxima com uma maravilhosa jovem que ficou em nossa casa por (um) ano a fim de traduzir *Quem sobreviverá?* para o alemão. Grete Leutz viera aos Estados Unidos para tentar cobrar sua herança [...]. Ela não teve sorte em reclamar suas terras confiscadas (e, portanto, decidiu trabalhar para frequentar a faculdade de Medicina).

Além de ser gentil e preocupada, Grete é uma mulher brilhante (que mais tarde concluiu) dois doutorados, um na Alemanha e outro nos Estados Unidos. Seu interesse pela medicina foi um tanto excêntrico, e ela estava sempre estudando alguma teoria incomum [...].

Grete foi uma filha para mim. Além de traduzir meu livro, ela era muito prestativa [...]. Posteriormente, acompanhou-nos nas viagens para a Alemanha, ajudando-nos com as crianças. Teve uma influência muito positiva sobre Regina, uma espécie de mistura de professora e irmã mais velha adorada.

Grete costumava (se aproximar) das pessoas facilmente. Certa ocasião, tivemos um cozinheiro chinês, um dos melhores que passaram por Beacon. Grete (e Regina) eram fascinadas por ele, e os três se tornaram bons amigos. Certo dia, um agente de condicional veio checar o cozinheiro. Descobri que ele assassinara a mulher e acabara de cumprir uma longa pena em Sing Sing. Como eu tinha uma clínica psiquiátrica, não podia aceitar ter um assassino convicto dirigindo minha cozinha. Grete e Regina ficaram transtornadas quando o despedi, mas não havia outra escolha.

O cozinheiro abriu um restaurante chinês em Poughkeepsie, que ficava a 30 minutos de Beacon. Grete e Regina eram tão leais a seu amigo que (ocasionalmente) faziam essa viagem para comer no seu restaurante. Demorou muito tempo para que elas me perdoassem por ter despedido o cozinheiro...

Regina tem uma bela voz. Ela começou a tomar lições de canto desde cedo, e todos visualizávamos uma brilhante carreira musical para ela. Na adolescência, ela passou alguns verões no National Music Camp em Interlaken, Michigan. Após seu segundo verão lá, ela voltou e anunciou que desistira da ambição de ser cantora. Havia tantas pessoas na escola que pareciam ser mais talentosas que ela [...]. Regina não seria classificada como a segunda melhor em nada. Ficamos decepcionados com sua decisão, mas ela ainda canta por prazer. Talvez tenha sido para seu próprio bem [...].

J. L. Moreno, Florence Moreno e Regina

10. ZERKA

Uma das dificuldades em nossas mitologias divinas é que Deus em geral é retratado como solteiro, seja deus ou deusa. A solidão é o preço que temos de pagar pelo monoteísmo. Na mitologia grega, na qual o panteão existe num nível mais baixo de intensidade, Deus se casou e teve descendentes, como Zeus e Hera. As histórias desses casamentos estão plenas de decepções, mas elas são mais reais para os mortais do que a personalidade dos deuses monoteístas. Seja como for, eu estava procurando uma aliança integrada, a Musa da Integração, a fim de trazer para a terra o *Godplayer*.

Numa tarde ensolarada de verão em 1941, a porta se abriu e uma jovem entrou em meu consultório. Estava acompanhada de mais três pessoas, mas eu a notei primeiro. Só depois é que apareceram as outras. Ela trazia nos braços um menininho de uns 3 anos. Olhei para ela e ela para mim. Isso foi tudo.

Eu disse a mim mesmo — meu "duplo"[22] fala: "Sim, sim, sim" — e estendi os braços de maneira ampla, envolvente. Sinto que ela já é minha, e eu já sou dela. Lá está ela. Nada sei sobre ela, mas ela é Ela. Posso até sentir que está dizendo a si mesma: "Sou muito infeliz. Minha irmã está doente. Ele pode pensar que este é meu filho. Mas não tenho filhos. Sou solteira. Vim procurar um médico, um psiquiatra para minha irmã". Então ela faz uma pausa. Espero até ouvi-la de novo. "Este homem não é um simples psiquiatra. Ele parece e age

---

22. "Duplo" — técnica psicodramática em que o "ego-auxiliar" verbaliza os sentimentos do protagonista na cena do psicodrama. [N.T.]

AUTOBIOGRAFIA ■ 157

mais como um artista, um homem criativo". Agora se faz um silêncio entre nós, mas vem à minha mente: "Se sua irmã está doente e o marido veio junto, por que ela também veio?"

Como se tivesse ouvido minha pergunta, sinto sua resposta: "Ele não entende. Eles são refugiados dos nazistas. Ele não sabe que eles acabam de chegar a este país. Estou com eles não somente para ajudá-los, mas para proteger o menino de maiores abusos. Minha irmã está confusa demais para cuidar dele [...]. Sinto quase como se fosse meu filho, não dela. Sinto-me responsável. Além disso, meu cunhado fala inglês muito mal. Ele precisa de um intérprete". E então ela tem um estalo. "Não esperava encontrar um homem tão encantador e gentil. Ele nos cumprimentou tão amavelmente, como se estivesse contente de nos conhecer. Eu esperava um encontro puramente formal entre um médico e um paciente. E ele é tão humano, tão charmoso, não é só um profissional."

Vejo lágrimas nos olhos dela. "Gosto do seu jeito. Ele também é bonito, tão masculino em seu terno branco e camisa azul! A cor da camisa realça seus olhos grandes, extraordinariamente luminosos, penetrantes e profundamente expressivos. De que cor são? Oh, sim, azuis! Adoro olhos azuis num homem: de certa forma eles atingem meu coração. Mas por que ele está tão solitário? Ouvi a enfermeira que nos recebeu dizer que ele tem uma filhinha da mesma idade de meu sobrinho. Portanto, ele é, ou já foi, casado. Não faz mal. Entretanto, ele está solitário, muito solitário, talvez até infeliz, tão infeliz quanto eu."

Silêncio. Agora eu a ouço de novo, ou imagino que a ouço. "Estou solitária e infeliz também. Acabei de romper um relacionamento amoroso com um homem com quem pretendia casar-me."

"Portanto", digo a mim mesmo, "ela estava planejando casar-se! Então a criança não é dela."

"Estávamos já para marcar a data e preparar a cerimônia. Agora não tenho ninguém." Um longo silêncio, e depois: "Dói muito por um tempo, mas agora estou contente de estar livre de novo. Estou me preparando para um novo relacionamento, mais maduro. Mas o doutor tem idade para ser meu pai, embora não pareça um velho nem aja como tal. Mas ele não pode estar interessado em mim; é claro que ele ama as pessoas, jovens e velhas, em especial as crianças. Veja como ele sorri para o menino e faz perguntas sobre ele".

Nesse ponto, a criança desce do colo dela, vai para a lareira e se põe a brincar com os garfos de bronze. Ele deixa cair um com um tinido e todos nós passamos a olhar para ele. (Ela) corre para ver se ele está machucado e carinhosamente o traz de volta à cadeira, recolocando-o no colo.

A cena muda: ela volta a seu interior. Agora olha para mim de novo e nós sorrimos um para o outro, avaliando-nos e confirmando. "Isto já aconteceu antes, não? Mas quando? Onde? Oh, não, isto jamais aconteceu. Não desta forma. É a primeira vez. Está acontecendo agora." Uma pesada pausa se faz. Então outro estalo a atinge. Ela parece cheia de eletricidade, que descarrega em minha direção, provocada pela minha. Agora pareço ouvir sua voz com bastante clareza. "Ele não é um simples homem. Este homem é um grande gênio, talvez o único gênio verdadeiro que jamais conhecerei. Muitos homens pretendem ou tentam sê-lo, mas este homem é genuíno. Oh, o que podemos ter em comum? Sou bastante inexperiente, estou apenas começando a aprender sobre a vida e seus cantos escuros. Entretanto, ele olha para mim com o mesmo interesse que demonstra pela minha irmã doente, a paciente aqui. O que pode estar pensando? Talvez seja apenas porque minha irmã e eu somos fisicamente tão diferentes. As pessoas sempre ficam espantadas de saber que somos de fato irmãs. E agora somos também com certeza muito diferentes emocionalmente. Mas sinto que ele pode ver que nós, irmãs, estamos de alguma maneira profundamente ligadas." Silêncio. "Temo que ele fique com informações erradas ou sem informações sobre a história dela. Preciso dar um jeito de vê-lo sozinho para ajudá-lo a conhecê-la. Ela não pode cooperar. Está muito confusa e não reconhece a natureza de sua condição."

Um aparte. "Meu cunhado é um pobre refugiado. Teve de pedir muito dinheiro emprestado para pagar as passagens para este país.

Não tem emprego. Chegou há apenas dois dias. Temos de fazer tudo para que o tratamento dela não demore muito, ou ele não poderá carregar o fardo até o fim. Além disso, precisamos colocar o bebê num orfanato. Tudo isso é um fardo terrível, esmagador." Novo silêncio e procura. "Mas por que este médico está tão interessado em mim? O que ele quer de mim?"

E eu me pergunto também ao mesmo tempo: "O que estou querendo dela?"

Ela percebe também agudamente. "Por que estou tão interessada nele? O que quero dele, além de ajuda para minha irmã?" Agora, há outra voz. É de sua infância. E a voz de sua mãe. "Não se meta no caminho de sua irmã! Ele é amigo *dela* agora, *seu* médico. *Ela* é que precisa de toda sua atenção. Fique quase invisível, subserviente às necessidades dela. *Não* se intrometa. Não tire sua atenção, sua concentração, seu amor para com ela. Você sabe que sempre conseguiu fazer isso desde que era pequena. A família toda gostava de você como um brinquedinho. Você era o bebê. Sua irmã era a mais velha. Seu pai e seus irmãos adoravam você. Agora é ela que necessita de todo amor que possa conseguir, especialmente o amor de um bom pai. Não a atrapalhe de novo."

Havia outras vozes também agudas. A opinião pública fala agora. "O que poderia um homem *casado* querer de uma jovem solteira? Ele não deve se interessar por jovens solteiras, a menos que sejam suas pacientes. Estará ele mostrando apenas interesse profissional por você? Lembre-se, ele é o pai de uma criança, uma menininha. Além de tudo, essa criança necessita de uma vida tranquila. Não cause problemas. Não se envolva. Fique fora de qualquer contato pessoal ou mais próximo com ele. Fique somente num relacionamento profissional." Silêncio.

Os olhos dela ficam baixos, como se estivesse olhando para dentro de si. Então: "Oh, lembro-me bem, quase nem conseguiram chegar à América. Minha família ficou presa. Primeiro na França, depois na África do Norte. Eles todos poderiam ter sido presos pelos nazistas. Ajudei a *salvar* a vida deles. Vou então agora deliberadamente fazer algo que complicará a vida deles ainda mais, podendo até arruiná-la? Não! Eles precisam ter primeiro toda a atenção. Precisam de todo tipo de ajuda. Estão desesperados. A vida deles está em pedaços. O menino precisa da mãe e do pai. Independentemente do quanto você o ame, ele não é seu. Você é apenas uma substituta temporária. Fique fora do caminho dos pais. Isso vai persegui-la o resto de sua vida se você não o fizer. Sua consciência não lhe permitirá. Assim como não a deixaria descansar se você não os tivesse afastado das praias da Europa moribunda, agonizante. Agora você deve mostrar do que é feita. Fique na retaguarda. Não pense em você agora".

Eles todos saíram do consultório para acompanhar a paciente ao seu quarto. Estou sentado, esperando para ver (a jovem) e os outros antes que partam para a cidade. Irei vê-la sozinha de novo? Como se em resposta, lá está ela (Celine Zerka Toeman) batendo na porta. Veio para marcar uma consulta em meu consultório na cidade. Deseja uma consulta particular para falar-me sobre a irmã.

Encontramo-nos diversas vezes. Foi um conhecimento crescente. Mas um dia tivemos um encontro maior. Foi na mesma sala, no consultório de Beacon, onde nos conhecemos, mas dessa vez estamos sozinhos [...]. (Zerka) falou sobre si mesma. "Acabo de ver George pela última vez. Ele me pediu novamente em casamento. Ele sentia-se pronto para casar, mas recusei. Estou livre agora".

Seus olhos brilhavam. Ela tinha uma expressão ardente. Olhou para mim e senti que ela estava realmente dizendo: "Agora estou livre para seguir minha vida". Qual é o próximo passo? Devolvo-lhe o olhar e aceito o desafio: "Eu também estou livre".

Ela continuou: "Já desfiz todas as minhas amarras. Com meus pais, isso não foi muito difícil. Achei um modo de ser livre e mesmo assim não ser desleal. Não podia ser desleal à minha irmã ou a seu filho tampouco. Mas ergui uma parede. Agora eles vão viver no mundo de ontem, e eu posso começar minha vida com você". Abriu sua pasta e retirou as provas de *As palavras do pai*. "Sim, eu o li. É como se eu o tivesse escrito. Minhas palavras."

Aproximei-me dela e a abracei. Ela começou a chorar. "Não quero que comece dessa maneira. Assim foi como os outros começaram. Não é nada físico. Estou estupefata com o novo significado que entrou em minha vida. Imagino como deve ser entre nós. Como vou caber no seu mundo? Como podemos organizar ou coordenar nossa vida juntos? Sei agora que nada importa a não ser nosso relacionamento, e que para fazê-lo produtivo preciso viver da sua maneira. Já me preparei para isso. Preciso apenas saber se é o que você quer também, ou estarei me enganando? Só você pode responder a isso."

Respondi: "Sim, é o que eu quero e do que preciso também. Tenho de fazer meus sacrifícios. Vamos começar já. Mude-se de Nova York e venha morar em Beacon. O resto nós resolveremos, passo a passo, conforme caminharmos". E assim foi.

Naquela ocasião (1942), Zerka trabalhava no Instituto Moreno em Nova York. Ela e meu irmão, William, supervisionavam o funcionamento do instituto. Quando Zerka se mudou para Beacon, ela viajava cinco dias por semana de Beacon a Nova York, uma viagem diária de 192 quilômetros ida e volta.

Devo dizer que tivemos muitos obstáculos em nosso caminho. Como meu irmão se sentiria a esse respeito? E minha mulher? Os pacientes? Os alunos? Os membros da equipe? Como os pais dela reagiriam? Seus amigos, sua irmã, todos os outros parentes na cidade? Que responsabilidades tínhamos para com toda essa gente e para com outras pessoas que dependiam de nós? Não estávamos alheios a esses fatores ou a outros detalhes contingentes ligados a uma revolução tão drástica em nossas vidas. Mas eles não tinham a mesma essência que o nosso compromisso e nossa resolução um com o outro. Esse compromisso superava todas essas considerações. Tomamos a decisão de não nos casar legalmente. Parecia-nos que não havia necessidade de ratificar nosso relacionamento por meio de palavras murmuradas diante de um juiz.

Nossa decisão de ficar juntos não era um ato de desespero nem uma bravata. Era do que ambos necessitávamos para preencher o âmago mais profundo do nosso ser. Encontrávamo-nos um no outro mais completamente do que cada um de nós havia conhecido antes. Aquela era a centelha que transformava nossa criatividade conjunta em uma sociedade bem-sucedida, fluida. Ela dava grande veracidade a nosso objetivo comum e fazia cada um sentir-se mais completo no mundo. De modo que nunca poderíamos desistir, independentemente do que acontecesse [...].

Em fins da década de 1940 (após meu divórcio de Florence), comecei a pensar em minha idade avançada e no que o futuro nos reservava. Era em parte minha idade, mas Zerka também estava ficando mais velha. Começamos a considerar nosso relacionamento e perguntar-nos se seria aconselhável alguma mudança em nossa situação. Até então, a ideia de termos um filho parecia sem sentido e desaconselhável. Zerka não sentia que um filho era necessário para nosso relacionamento. Não via como fazer um bom trabalho como mãe com todos os outros papéis que já preenchia. Estava preocupada com o fato de eu ser novamente pai na minha idade, temerosa de que fosse um fardo muito pesado para mim. Eu já tinha uma filha que (passava fins de semana) conosco. Zerka sentia que ambos éramos muito velhos. Também tinha medo de que nossas viagens pelo mundo, peregrinos do método psicodramático e da sociometria, se tornassem inviáveis se tivéssemos um filho.

Mas eu comecei a matutar. "Não quero que você fique sozinha no mundo se eu morrer", disse a Zerka. "Isso quer dizer que você precisa ter um filho." Era um tanto lógico e sem emoção. "Talvez o primeiro passo seja nos casarmos." Assim, certa noite, legalizamos nossa união. Encontramos um juiz de paz em Cold Spring, uma vila a 16 quilômetros de distância, que realizou a cerimônia.

Agora o ambiente estava preparado. O casamento fora o primeiro passo. Podíamos seriamente considerar a possibilidade de gravidez. Se um filho fosse concebido, nasceria em circunstâncias adequadas para sua segurança e seu desenvolvimento sadio.

Muitas vezes me perguntaram se meu desejo de ter um filho era realmente uma ideia dinástica. Dou essa impressão em *The first psychodramatic family*. Mas foi a realidade de ter um filho que continuasse meu nome que me conscientizou para possibilidades dinásticas. Mais que tudo, acredito em filhos. Portanto, acredito que as mulheres são muito preciosas e em especial escolhidas pelo Senhor. Os filhos dão significado à vida, ao universo. O universo está infinitamente grávido de crianças. As mulheres que têm filhos são muito mais adoráveis do que as mulheres que não os têm. Elas são apenas carne.

Quando Zerka ficou grávida, coisas ruins aconteceram. No terceiro mês, surgiu um problema no ouvido direito. Algum desequilíbrio hormonal a fez ficar surda desse ouvido. E o nascimento de Jonathan (em 1952) atrasou cinco semanas, o que nos causou muita preocupação e também bastante desconforto a Zerka.

Mas, depois que Jonathan nasceu, todas as dificuldades e desconfortos logo foram esquecidos. Decidimos abrir novos caminhos e criar Jonathan de acordo com os princípios da sociometria e do psicodrama [...].

Quando Jonathan estava com 2 anos e meio, Zerka começou a sentir uma dor persistente no ombro direito. Achamos que era por carregar Jonathan escadaria acima em casa. Durante quase toda sua vida, Zerka sofrera crises de reumatismo, e carregar uma criança grande para sua idade deveria certamente agravar isso. Jonathan foi ensinado a subir as escadas sozinho, e Zerka fez um tratamento de diatermia que talvez pudesse livrá-la da dor [...].

Nosso médico e sua esposa nos acompanharam na convenção da Associação Americana de Psiquiatria em Chicago, em maio de 1956. Zerka nos assustou no avião no caminho de volta, gritando: "Doutor, estou ficando louca com a dor!" O médico mostrou-se tranquilizador. "Venha consultar-me", disse a Zerka. "Tenho algo novo que pode ajudá-la." Naquele verão, pela primeira vez, raios X foram pedidos a Zerka. Nada fora do comum apareceu. O novo tratamento era uma terapia ultrassônica. Nada, porém, conseguiu aliviar sua dor [...].

(No verão de 1956,) ficamos no Stockton Hotel em Sea Girt, Nova Jersey. Dormi as duas semanas que ficamos lá. Zerka ficava na praia com Jonathan e descansava ao sol. No segundo dia lá, ela notou um caroço atrás do ombro quando vestiu o maiô. Era do tamanho de um ovo de pássaro. Isso a assustou, mas ela se acalmou quando obteve a prova física de que havia algo realmente de errado com ela. Minha atitude para com a dor e a doença naqueles que amo é de não querer saber — negá-la — ou de ficar preocupado demais. Eu fora impaciente com Zerka por mais de dois anos, quando ela se queixava da dor que sentia. Eu a fazia sentir-se uma verdadeira hipocondríaca.

Quando voltamos para casa, Zerka estava se sentindo muito bem. Duas semanas de ar marinho haviam-na fortalecido. A dor sumira pela primeira vez em mais de dois anos.

Entretanto, a dor logo voltou. Zerka continuava com o tratamento ultrassônico, e nosso médico chegou ao diagnóstico de "desmineralização do osso devido à artrite". Nada conseguia diminuir a dor, porém. Mais uma série de raios X, em novembro, mostrou mudanças no osso. O radiologista recomendou que estudássemos suas condições mais a fundo para eliminar a possibilidade de um tumor ósseo. Nosso médico, que havia feito seu diagnóstico, sentia que a raridade de tumores ósseos tornava desnecessárias maiores investigações. Teríamos de ir a um cirurgião ortopédico para uma biópsia. Eu carregava o tradicional desdém dos psiquiatras por cirurgia e cirurgiões. Não queria acreditar que houvesse alguma chance de Zerka estar com algo tão sério como um tumor. Por isso endossei o enfoque superficial de nosso médico sobre o caso dela. Achei que seu diagnóstico provavelmente estava correto. Parecia ser a explicação mais razoável para seu estado.

A dor aumentava cada vez mais. Irradiava de seu ombro e descia pelo braço. Ela sentia os dedos adormecidos. Em maio de 1957, o caroço ficara muito maior. Zerka continuava com o tratamento para artrite. Um dia, o médico lhe disse: "O que não pode ser curado deve ser suportado".

Foi uma declaração irônica. O médico teve uma espécie de intuição sobre si mesmo. Tirou uma radiografia de seu pulmão direito. Havia um grande tumor maligno, e ele morreu alguns meses depois, em meio a grandes dores.

Quando vi que Zerka piorava cada vez mais, sugeri que combinássemos nossa costumeira viagem à Suíça, no verão de 1957, com um mês de estada nos famosos *spas* da Alemanha ou da Áustria. Escolhemos Badenweiler, na Alemanha, que tinha conexão para Zurique, onde nosso Congresso Internacional se realizaria em fins de agosto. Eu poderia ir e vir conforme a necessidade do meu trabalho. Zerka também foi examinada por alguns médicos na Europa. Fez o tratamento completo do *spa*: compressas de lama, banhos turcos, águas medicinais, dietas e massagens. Já tinha sido examinada por cinco médicos, e todos concordavam que seu caso era realmente artrite.

Uma massagista do *spa* declarou enfaticamente que o caroço no ombro de Zerka não podia ser artrite de jeito nenhum. Ela tratara de muitas artrites com desmineralização do ombro, mas jamais vira uma situação como a de Zerka. Os músculos de seu antebraço estavam afinando e, apesar de haver muita dor e inchaço, a junta ainda tinha movimento. A massagista disse que jamais vira deterioração muscular daquele tipo oriunda de artrite. Também nunca tinha visto uma junta tão inchada e dolorida que retivesse o movimento. O padrão comum na artrite é de que as juntas severamente atingidas endureçam até a imobilidade. Quando Zerka me contou o que a massagista dissera, eu desprezei a coisa toda. O que valia a opinião de uma massagista contra a sapiência combinada de cinco médicos? [...]

Felizmente, encontramos o dr. Wahl, o primeiro médico a reconhecer a gravidade do estado de Zerka. Ele acreditava que uma cirurgia local para retirar o caroço, complementada por terapia radioativa, era o procedimento necessário [...]. Procurando uma segunda opinião, fomos indicados ao dr. Bradley Coley, do Memorial Hospital em Nova York. O radiologista, dr. Mendel, tirou uma série de raios X que mostraram o lugar preciso do caroço. O dr. Mendel fez Zerka esperar enquanto os raios X eram revelados. Ficou tão chocado com o que viu que lhe disse, violando a ética médica: "A senhora tem um tumor aí. Sabia disso?" Zerka já havia sido informada pelo dr. Wahl, mas ficou aliviada ao ouvi-lo. Pelo menos agora sabia que não era só uma mulher nervosa, hipocondríaca. Ela acreditou que o caroço seria retirado, como a maioria dos tumores. Ficaria com uma cicatriz, talvez uma rigidez na junta. Mas esse não seria um preço muito alto para pagar pela saúde [...].

A biópsia foi feita no Memorial Hospital numa manhã de segunda-feira. O patologista prometeu que seu relatório estaria pronto na quarta-feira. Eu tinha de sair da cidade e prometi a Zerka estar de volta antes que o relatório ficasse pronto. Porém, Zerka sabia que o resultado estaria pronto na terça-feira. Todas as enfermeiras e a equipe, que tinham sido tão atenciosos com ela, agora a evitavam. Ela só via o pessoal da limpeza e os funcionários que traziam as refeições.

Liguei da Grand Central Station para Zerka, na quarta-feira ao meio-dia, e lhe disse que estava a caminho do consultório do dr. Higginbottom, assistente do dr. Coley, para saber o diagnóstico, e a veria logo que tivesse conversado com o médico. O dr. Higginbottom era um homem alto e bondoso. Explicou o diagnóstico como "condrossarcoma do processo do acrômio". Em linguagem simples, uma malignidade da cartilagem na junta do ombro. Seria impossível remover só o tumor. A amputação do braço direito e do ombro era o único tratamento. "Não temos outra alternativa: amputação ou morte." Fiquei só ouvindo-o. Ele era a autoridade. "Sarcoma da cartilagem de forma tão pura é muito raro. O condrossarcoma é muito resistente à terapia de radiação ou a qualquer outro tratamento. Cada dia de espera será tarde demais. Ele cresce a cada dia. Cresce na direção do pulmão. Se não trabalharmos rápido o bastante, poderemos ter sarcoma de pulmão, que é inoperável."

Então pediu licença e foi à sala ao lado, onde seus alunos estavam reunidos para a aula. Usou o caso de Zerka como exemplo.

Eu tinha de aceitar a sentença do médico. A psiquiatria estava agora fora de questão. Não se pode conversar com os ossos [...].

Eram 17h quando fui ao encontro de Zerka. Entrei no quarto desviando o rosto e fui diretamente para o banheiro, onde lavei as mãos, devagar, de propósito. Ela estivera esperando por mim desde o meio-dia, mas eu ainda estava despreparado para enfrentá-la.

Por fim, consegui contar a Zerka o que o médico dissera. Após falar por um tempo, tentamos digerir a informação. A amputação parecia [...] uma cura muito radical. Queríamos descobrir se havia outra forma de lidar com o tumor.

Deixei o hospital com Zerka no dia seguinte. Nada havia sido decidido ainda. Eu tinha uma lista de seis médicos para consultar na esperança de que um deles nos desse um diagnóstico menos terrível.

Os primeiros dois médicos da lista formavam uma equipe de pai e filho. Eram refugiados de Hitler e clinicavam na Madison Avenue. Zerka achou-os muito gentis, mas tão curvados e mirrados que depois passou a chamá-los de "os gnomos da Madison Avenue".

Após um exame cuidadoso, eles nos olharam curiosos. "Por que vocês estão aqui?", perguntou o pai. Depois disse: "O dr. Coley conhece bem o seu ramo. Se é isso que foi encontrado, é isso que a senhora tem". Saímos do consultório [...].

Quando volto a pensar na doença de Zerka, sempre me confronto com a ironia do caso. Lá estava eu, um médico, mas tão ingênuo sobre sua doença. Por que eu era tão sagaz para outras pessoas, mas não o bastante para perceber o sofrimento de minha esposa?

Certamente não fui um herói nessa hora terrível. A única coisa que pode ser dita em meu favor é que, o tempo todo, fiz tudo que podia, tudo que parecia razoável, para assisti-la. Fui muito dedicado a ela e estava disposto a suportar qualquer sacrifício ou despesa para ajudá-la, mas não era um herói.

Não aceitei de fato a desesperança de seu estado a não ser pouco antes de seu braço ser amputado. Certa noite, ela estava sozinha em seu quarto. Ouvi um choro. Quando entrei, Zerka estava torcendo as mãos — "como Lady Macbeth", disse ela mais tarde. "Como vou conseguir fazer todas as coisas que devem ser feitas?", perguntava a si mesma. "Ficarei dependente dos outros para tudo daqui para a frente? Como vou me vestir, pentear meu cabelo, fazer o serviço da casa, datilografar, dirigir, escrever? Pode alguém tão independente como eu viver feliz dependendo dos outros? Será que vou me sentir inferior, menos atraente, excluída, rejeitada? Será a vida vazia, uma negra procissão de dias e noites sem esperança? Será que não conseguirei jamais sair do túnel, voltar à luz do dia?"

Disse-me chorando: "Será que algum dia ficarei boa de novo?" Procurei tranquilizá-la, ajudá-la a recuperar sua calma. Lembrei a Zerka que nós tínhamos a obrigação para com Jonathan de manter nosso equilíbrio. Assegurei-lhe que a amaria tanto quanto sempre. Sentia que ela seria a mesma pessoa. Um braço, afinal de contas, não era a essência dela. Por fim, disse-lhe: "Você não precisa fazer a amputação, a menos que realmente queira. É seu corpo. Você decide. Mas deve levar em consideração todas as possíveis consequências". Zerka deixou toda sua indecisão agonizante para trás. Estava pronta.

Levei-a ao Memorial Hospital em 17 de janeiro de 1958. A amputação foi feita no dia 20.

Eu viajava de Beacon para o Memorial Hospital todos os dias para visitar Zerka. Passava a maior parte do tempo no hospital. Quando não estava com Zerka, eu rezava e meditava sobre o que havia acontecido. Em certo ponto, tentei imaginar que oração poderia Zerka ter feito. "O Senhor me deu um braço direito, e agora o tomou. O Senhor me deu um ouvido, e depois retirou minha audição." Da minha parte, senti-me como Jó.

A doença de Zerka mostrou-me o desamparo e a vaidade da medicina. Eu a tinha visto nas mãos de médicos que não sabiam o que havia de errado com ela, e não tinham ideia do que fazer com seu caso. No fim, tudo que podia ser feito era retirar a parte afetada. Eu sentia tal sentimento de desamparo e desespero que era quase como sentir ódio de mim mesmo. Meu conhecimento médico e meu *Godplaying* não a haviam ajudado em nada. Naturalmente, às vezes ficávamos pensando se o braço de Zerka poderia ter sido salvo se o sarcoma tivesse sido diagnosticado mais cedo. O dr. Coley nos esclareceu de imediato. A única forma de tratar o condrossarcoma em qualquer estágio da doença é por cirurgia radical, mas mesmo assim ficava a dúvida.

Durante os anos da doença de Zerka, fui cada vez mais acometido de artrite. Sofri minha primeira crise em Vöslau, quando jovem, mas nunca fora grave a ponto de limitar minha vida. Nos 15 anos desde a sua operação, Zerka tem assumido gradualmente mais e mais dos meus deveres conforme a gravidade da minha artrite aumenta. Ela se tornou uma administradora muito capaz, além de ter todas as outras especialidades e qualidades pessoais que a tornaram uma psicodramatista talentosa, pesquisadora sociométrica capaz, escritora, editora e professora. Ela faz quase tudo que fazia antes da operação. Dirige, costura, dança, datilografa — só não nada [...].

Com a doença de Zerka, tivemos o reverso do *Godplayer* — humildade.

Zerka, Grete Leutz e Jonathan bebê na casa em Beacon, Nova York

11. DOIS SÓCIOS EM VIAGEM

Em 1941, no fim de semana do Dia do Trabalho, Zerka e eu fizemos a primeira de muitas viagens juntos. Fui convidado para ir a Washington, D.C., para participar da Reunião Anual da Associação Americana de Terapia Ocupacional. A convite da Associação e do dr. Winfred Overholser, superintendente do St. Elizabeths Hospital, eu devia fazer um discurso e várias demonstrações. O dr. William Alanson White, que fora superintendente do St. Elizabeths Hospital antes do dr. Overholser, pediu, pouco antes de morrer, que um teatro de psicodrama fosse construído no St. Elizabeths. Margaret Hagan, diretora do Serviço Social da Cruz Vermelha, supervisionou a construção do teatro. Frances Herriott foi sua primeira diretora de psicodrama. Ela e a srta. Hagan começaram a usar o teatro no começo da Segunda Guerra Mundial, para treinar funcionários da Cruz Vermelha empregando métodos psicodramáticos a fim de que seu serviço em hospitais militares fosse mais humanitário e mais útil aos pacientes.

Nesse fim de semana do Dia do Trabalho, Zerka me viu pela primeira vez proferindo uma conferência fora do hospital de Beacon e do instituto em Nova York. Quando terminei, ela veio falar comigo, brilhando de intensa empolgação. Disse-me que tinha ficado eletrizada pela minha apresentação dinâmica e dominada por ela. Sentira, entretanto, que o público tinha ficado impressionado com minha intensidade e — como dizem atualmente — carisma, mas não que eles houvessem de fato compreendido o *que* eu havia dito. Meus ouvintes mostravam um ar de descrença e confusão porque quase tudo que eu dissera ia contra sua visão profissional e sua doutrina. A demonstração ao vivo do psicodrama que se seguira à palestra os fizera ver, com os próprios olhos, a eficácia de meus métodos, mas a dúvida ainda persistia. Zerka e eu tivemos de enfrentar essa espécie de reação por pelo menos mais uma década.

Fundamos (eu e William) o Instituto Sociométrico na Park Avenue, 101, em fins de 1941. A abertura oficial do instituto foi em março de 1942. Era nosso objetivo tornar-nos a meca para cientistas sociais de todo o mundo, principalmente europeus, que poderiam conhecer os mais novos desenvolvimentos das ciências sociais a fim de que suas nações se beneficiassem das lições que a sociometria tinha a oferecer. O instituto organizou uma reunião junto com o Encontro Anual da Sociedade Sociológica Americana, no Hotel Roosevelt, em dezembro de 1941.

A recém-formada seção de sociometria patrocinou o encontro, presidido pelo dr. William H. Sewell, da Oklahoma A&M College. O dr. Paul Lazarsfeld, da Columbia University, Helen Jennings, da Teachers College e da Columbia University, e o dr. F. Stuart Chapin, da Universidade de Minnesota, apresentaram trabalhos. Outros participantes do programa eram sociólogos igualmente destacados [...].

Quando o instituto abriu as portas, em março de 1942, nosso objetivo era treinar 50 mil homens e mulheres como sociometristas para ser enviados a todas as esferas sociais dos Estados Unidos e do exterior, com o intuito de ajudar a construir uma nova forma de democracia, a qual transcrevemos de nossa carta de intenções:

> Cada membro desses grupos seria educado pela sociometria para entender que a verdadeira democracia de vida não pode ser atingida a menos que seja baseada na ciência das relações interpessoais e intergrupais realmente operantes, que existem e funcionam sob a fachada de instituições oficiais, leis, tribunais e dos vários órgãos culturais dentro delas. O verdadeiro e completo significado da sociometria não será exercido a menos que considere um alcance mundial. Sua tarefa não pode ser acompanhada num laboratório

isolado, afastado da teia de vida do presente social. Se uma nação inteira estiver envolvida num conflito, não se deve, num programa social científico, focalizar um grupo e deixar de fora todos os outros. O material das relações humanas representado pela nação como um todo deve ser visto como um único objetivo.

Infelizmente, não conseguimos atingir esse alvo, mesmo hoje, mais de 30 anos depois! A edição de *Sociometry* de maio de 1942 trouxe o primeiro de muitos artigos coescritos por mim e Zerka Toeman. Foi uma contribuição ainda pouco representativa na área de literatura psicodramática. Chamou-se "O enfoque de grupo no psicodrama". Depois desse artigo, o nome de Zerka Toeman apareceu cada vez mais entre os colaboradores dessa especialidade.

Em junho de 1942, fizemos uma conferência sobre os problemas nacionais e do pós-guerra no Instituto Sociométrico. Iniciei a conferência com uma breve pesquisa das reações do país inteiro ao estabelecimento do instituto, vindas de organizações federais, industriais, educativas e científicas. A reunião teve dois painéis de discussão. Entre os importantes participantes encontravam-se Helen Jennings, Paul Lazarsfeld, Margaret Mead e Robert M. Yerkes [...].

Em 1943, a Segunda Guerra Mundial estava no auge. Lutar era nossa maior prioridade. Ainda que essa guerra tenha sido uma das mais horríveis da história em virtude da perfeição técnica do armamento, ela foi também o primeiro conflito na história em que a psiquiatria se tornou um instrumento útil e importante no tratamento de feridos emocionais de guerra. Já falamos do treinamento psicodramático e sociométrico dado aos funcionários da Cruz Vermelha no St. Elizabeths Hospital. O major Fitzpatrick, do exército inglês, frequentou o Instituto Sociométrico para estudos intensivos por um mês, em 1943. Ele participou de demonstrações sociodramáticas e psicodramáticas, palestras, seminários e discussões das várias possíveis aplicações dos métodos sociométricos em grupos pequenos e grandes.

Quando Fitzpatrick voltou para a Inglaterra, trabalhou com o coronel J. Sutherland, chefe dos psiquiatras dos Membros da Seleção do Departamento de Guerra. A sociometria, o sociodrama e o psicodrama então assumiram papel importante na máquina de guerra inglesa. Nossos métodos foram usados na seleção e no treinamento de soldados de todos os níveis a fim de reduzir a enorme taxa de perdas psicológicas no exército inglês. Descobriu-se que muitos colapsos psiquiátricos ocorriam devido à má alocação dos homens, de forma que todo o processo de convocação e treinamento básico no exército inglês foi reestruturado conforme as linhas propostas pela teoria sociométrica. O processo de seleção e treinamento de oficiais também foi reorganizado. A psicoterapia de grupo tornou-se o tratamento preferido nos hospitais do exército e também foi usada na repatriação dos prisioneiros de guerra.

Esse eficaz programa inglês patrocinou o desenvolvimento do que o dr. J. R. Rees, primeiro presidente da Federação Mundial de Saúde Mental, chamou de Brigada Moreno — pequeno grupo composto de todo tipo de cientista social que se reunira para trabalhar em problemas de moral e coesão de grupo nos serviços militares ingleses, sendo responsável tanto pela pesquisa como pelas aplicações clínicas nos militares. Em consequência de seu trabalho, a Clínica Tavistock (mais tarde Instituto Tavistock) foi criada. Em 1946, fui convidado para ir a Londres dirigir seu enorme projeto de expansão. A equipe da Tavistock estava preocupada principalmente com o desenvolvimento de métodos de ação eficazes para ajudar seu pessoal a lidar com os efeitos posteriores da guerra. Infelizmente, não pude aceitar seu esplêndido convite porque estava sobrecarregado com minhas outras responsabilidades. Mas sempre que possível, quando estava em Londres, fazia apresentações lá e fiz questão de trabalhar com o pessoal do instituto e de compartilhar suas ideias.

Em 1944, a Reunião Anual da Associação Psiquiátrica Americana ocorreu novamente na Filadélfia. Doze anos antes, eu apresentara a ideia de terapia de grupo numa reunião presidida por William

Alanson White. Mas, em 1944, ainda havia pessoas na reunião que desconheciam a importância da terapia de grupo. Um simpósio sobre o tema foi marcado na convenção em uma pequena sala, que comportava somente 70 pessoas. Foram tantos os que se inscreveram no evento, porém, que ele teve de ser transferido para a maior sala de reuniões do hotel.

Foi assim que, de repente, a terapia de grupo se tornou tão popular. Os militares estavam preocupados com o alto custo da psicoterapia e com a escassez de terapeutas treinados. Por isso, ordenaram que a terapia de grupo fosse usada em detrimento de qualquer outro tipo de tratamento. A reunião estava lotada de psiquiatras militares que precisavam aprender mais sobre terapia de grupo, e rápido. Desde o início, ficou claro para os participantes que, apesar de a terapia de grupo ser oportuna e mais "eficiente" do ponto de vista dos custos, também era uma boa terapia, e não apenas uma ligação medíocre das modalidades terapêuticas individuais. Atualmente, é uma verdade banal, mas naquela ocasião parecia para muitos uma revelação. "As pessoas ficam doentes num grupo; elas se recuperam melhor em grupo."

Apesar da dificuldade de viajar durante a guerra, conseguimos realizar algumas viagens. Meu envolvimento com a Harvard University começou durante a Segunda Guerra Mundial, quando fui convidado a conduzir uma sessão de psicodrama no Laboratório de Psicologia da Universidade. Henry A. Murray era então chefe do laboratório. Ele sucedeu a Morton Prince, o fundador do Laboratório de Psicologia, primeiro psicólogo americano a apontar a divisão da psique em casos de múltipla personalidade.

A sra. Christine Morgan, assistente de Henry Murray, inventou o Teste de Apercepção Temática (TAT). A sra. Morgan e Murray colaboraram então no TAT, desenvolvendo-o como uma importante ferramenta de diagnóstico. Sempre achei que há um forte parentesco entre os testes projetivos como o TAT e o psicodrama. Murray e eu criamos um relacionamento mútuo solidário e próximo.

Naquela primeira sessão em Harvard, ao me apresentar, o dr. Murray disse: "Nem mesmo Freud deu uma contribuição tão importante para a psicologia". Seus comentários foram citados no *Harvard Crimson* no dia seguinte e me deram imensa satisfação. Fiquei em Cambridge o dia inteiro e dei duas conferências e demonstrações de psicodrama. Pouco depois de minha visita, Murray me contou que estava montando um teatro de psicodrama no laboratório. Devido a limites de espaço, o teatro não tinha balcão. Havia três níveis e entradas em dois lados que, de certa forma, davam um efeito de balcão [...].

Eu tinha outro bom amigo em Harvard, Pitirim A. Sorokin, talvez um dos maiores cientistas sociais de nosso tempo. Conhecemo-nos numa importante reunião acadêmica. Um homem magro e alto — lembro que tinha muito cabelo e espessas sobrancelhas — aproximou-se de mim e disse com forte sotaque: "Sou Sorokin. Você é Moreno". Apertamos as mãos e trocamos algumas palavras.

Sorokin estava na plateia na noite em que inauguramos o teatro de psicodrama em Harvard. Aos poucos nos tornamos amigos, apesar de nossas relações terem sido permeadas por muitos conflitos.

Com sua crença de que as sociedades evoluem de acordo com certos princípios passíveis de descoberta, Sorokin tornou proeminente o Departamento de Sociologia de Harvard. Poder-se-ia dizer até que ele criou o departamento. Sei que travou enormes batalhas dentro dele com pessoas que desejavam substituí-lo ou reduzir seu poder. Talcott Parsons foi um deles.

Mas Sorokin era um estudioso demasiado importante e muito forte como indivíduo para ser derrotado por seus pares. Seus livros sempre foram maravilhosamente escritos e refletiam a extensão de seu saber. Era um incansável leitor, não somente em seu próprio campo. Uma das pessoas mais cultas que já conheci.

Nascido aristocrata na Rússia czarista, ele foi secretário de Kerensky, tendo de fugir para não morrer quando os bolcheviques assumiram o poder. Veio para os Estados Unidos e naturalizou-se americano logo que pôde. Sempre que eu estava em Cambridge ia visitá-lo em casa. Ainda me lembro da maravilhosa comida russa com que a sra. Sorokin nos deliciava. Conheci os filhos de Sorokin e achei-os muito interessantes. Nenhum deles seguiu a sociologia. Um tornou-se físico e o outro, médico.

Sorokin exercia um efeito estimulante em mim. Era muito alto — 1,90m, pelo menos — e tinha uma aparência dramática. Nunca falava baixo nem sussurrava. Sua presença na sala de aula era legendária. Mas muitas vezes ficava entusiasmado durante uma aula e salivava a tal ponto que um estudante declarou que só se lembrava da saliva de Sorokin, nada mais. Seu nome, Pitirim Alexandrovich Sorokin, por si só, era imponente. Havia algo na forma como era pronunciado.

Em 1948, um grande grupo de cientistas sociais foi a Harvard para fazer indicações à presidência de um recém-formado departamento de relações sociais em Harvard. Muitos de meus alunos estavam lá. Alguns nomes foram indicados como candidatos adequados. Finalmente Sorokin se levantou e declarou: "Recomendo o dr. Jacob L. Moreno. Ele é a pessoa mais original e mais capaz no campo da sociologia. Não há ninguém melhor!"

Meu bom amigo e assistente, George Lundberg, retrucou: "Isso é verdade, mas o dr. Moreno nunca conseguirá levantar-se de manhã a tempo de dar conferências e seminários e de administrar bem o departamento. Além disso, ele ganha muito dinheiro como psiquiatra. Jamais poderia viver com o baixo salário que a Harvard lhe pagaria".

Sorokin teve de concordar com essa previsão da mesma forma que eu, quando ouvi a história. O professor Sam Stouffer foi eleito [...].

(O texto que se segue foi extraído do último trabalho publicado de J. L. Moreno[23].)

---

23. Extraído de "The religion of God-Father" ["A religião do Deus-Pai"], de Jacob L. Moreno, e reproduzido com permissão de *Healer of the mind*, organizado por Paul Johnson. Copyright © 1972 by Abingdon Press.

Estou profundamente ciente de mal haver tocado concretamente no Pai-Deus. Tenho permanecido amorfo como Deus vivo. Não quero diminuir nem minimizar os esforços que fiz durante os anos de formação de minha adolescência, quando quase perdi a vida e quase evaporei para o além, não por doença, mas por saúde. Falhei intensamente em modificar o movimento segundo as necessidades do mundo. A esperança sumiu do rosto dos homens. Nossa juventude está perplexa. Muitas crianças são impedidas de nascer devido à desvalorização do nascimento e da vida. É nas últimas calamidades que meu fracasso é visível. Devo humildemente admitir que minha megalomania está abalada. Nada restou senão a coroa e o trono. O corpo está morto.

Meu fracasso em tornar-me concreto não aconteceu sem prêmios e sucesso limitado. Todas as minhas tentativas científicas no campo da psicoterapia tinham fortes tendências religiosas por trás. A fim de tornar conhecidas minhas descobertas e para demonstrar os benefícios que as pessoas podiam obter delas, fiz viagens pelo mundo todo. Nessas viagens encontrei em Zerka, minha mulher, uma parceira insuperável. Cada sessão de terapia de grupo e psicodrama foi um encontro de vida. As pessoas vinham com seus problemas para nos encontrar. Seria difícil enumerar todos os lugares que visitamos, de Arkansas à Califórnia, de San Francisco a Montreal, de Paris a Londres, Munique, Viena, Frankfurt, Bonn, Heidelberg, Colônia, Praga, Varsóvia, Budapeste, Oslo, Moscou, Belgrado, Roma, Atenas, Constantinopla, Barcelona, Jerusalém, finalmente os Institutos Pavlov e Bechterev, em Leningrado[24] — só para mencionar alguns. Eles anunciaram o nascimento de uma nova religião terapêutica que está aos poucos espalhando as novidades do novo homem cósmico e combatendo o anti-homem. Entretanto, todas essas realizações e avanços não se enganam quanto ao fracasso de concretizar o estabelecimento do Pai-Deus para todas as pessoas como uma ligação

---

24. Atual São Petesburgo. [N. E.]

entre elas. Assim, o mundo está dividido, fragmentado, vagando sem esperança para a escuridão de um futuro incerto.

Como concretizar[25] *a imagem do Deus-Pai é a questão final.* Uma forma de se expandir, se se tem apenas o pequeno corpo de um homem, é ser o universo inteiro, é ampliar-se, tendo mais cérebro, mais olhos, mais ouvidos, mais braços, mais pernas, mais pulmões, mais coração. Outra maneira é introjetar tudo que já está no Universo, todas as pessoas, juntá-las, unificar o que está separado, homem e homem, homem e animal, homem e planta, homem e planetas e estrelas: a integração do mundo. Outra forma é manter o futuro do Universo dentro dos vínculos de seu poder, antes que as coisas se separem de você e se desenvolvam fora de você. O robô, por exemplo, está se desenvolvendo separado do homem, construindo um mundo futuro para si. É ainda possível reter as ramificações de seu crescimento, trazendo-o de volta para o controle do homem, ou será tarde demais? O Deus-Pai é irresistível, ele tem uma força irresistível para incluir tudo em um só. É, portanto, difícil moldar o Deus-Pai, a menos que ele desperte a cooperação de todas as outras partes da existência para ajudá-lo, desenvolvendo a capacidade de ouvir tudo que acontece no mundo todo, para ver tudo, para sentir tudo, para compartilhar com todos a dor e a alegria, a esperança e a alegria de viver, para se tornar cada vez mais todo-compartilhante, todo-criativo, todo-envolvente. Então, verão você em todo lugar e o reconhecerão; você não é somente um homem ou outro, mas o próprio Deus-Pai. Em nossa era, Deus não deveria estar apenas numa ou noutra igreja, mas em todos os meios que ligam as pessoas umas às outras, em todas as telas de TV, em todos os barcos, em todos os aviões, em todos os sonhos. Se Ele não está, deveria estar. Ele deveria ser feito para ser. O final do mundo pode vir, mas não o fim do Deus pai, enquanto houver coisas para criar.

---

25. "Concretização" — técnica psicodramática utilizada para vizualizar sensações em psicodramas. [N.T.]

OBITUÁRIO[26]

DR. J. L. MORENO

O PIONEIRO DO PSICODRAMA FALECEU

Beacon, NY, 15 de maio (AP) — O dr. Jacob L. Moreno, psiquiatra que foi pioneiro do psicodrama como método para tratar de doenças mentais, faleceu em sua casa aqui, na terça-feira.

Foi em Viena, pouco depois da Primeira Guerra Mundial, que o dr. Jacob Levy Moreno iniciou um experimento que provou ser um importante avanço na psiquiatria. Ele organizou algo chamado de Teatro da Espontaneidade, que empregou atores e atrizes para participar de uma nova forma de entretenimento, que cresceu pela improvisação baseada em palpites da plateia.

O experimento evoluiu em psicodrama, técnica que centenas de hospitais nos Estados Unidos e no mundo todo depois adotaram para ajudar seus pacientes a se descobrir e para auxiliar no tratamento de vários estados de saúde, do alcoolismo à esquizofrenia.

---

26. A transcrição do obituário do *New York Times* foi fornecida pela seção de livros raros da Francis A. Countway Library of Medicine, em Boston.

Para o dr. Moreno, o psicodrama ofereceu não tanto uma "cura" para problemas mentais, mas um dispositivo para a auto-descoberta, que poderia auxiliar a levar as pessoas ao bem-estar. Também caiu no gosto do público, através dos anos, quando abriu "teatros terapêuticos" em Nova York e em outras cidades, sendo o mais conhecido o Sanatório Moreno, de Beacon.

A publicidade dada a esses teatros, em artigos de jornais e revistas que focalizaram o aspecto de entretenimento do psico-drama, afastou alguns membros da comunidade psiquiátrica.

Mas o dr. Moreno ganhou estatura por si mesmo, organizando conferências e frequentemente comentando os acontecimentos do dia sob o ponto de vista psiquiátrico.

Ele afirmava que o psicodrama não era tanto uma invenção sua, mas a ressurreição de antigas técnicas de atuação que retrocediam no tempo até a concepção de Aristóteles da tragédia grega como "catarse".

Homem troncudo, com cabelos loiros longos e rosto expressivo, o dr. Moreno foi um brilhante defensor desse método. Teve papel ativo na teatralização do psicodrama, treinando pacientes e colocando-os em confronto para que revelassem seus problemas.

Ele foi autor de diversos livros e artigos sobre psicodrama e sociometria, nos quais os membros de um grupo são encorajados a expressar sentimentos uns sobre os outros.

Em 1921, fundou *Das Stegreiftheater*, seu Teatro da Espontaneidade, e passou a fazer experimentos com psicodrama, descobrindo que os papéis que ele selecionava para seus atores e suas atrizes os auxiliavam a lidar melhor com seus problemas pessoais.

O dr. Moreno mudou-se para os Estados Unidos em 1925 e se estabeleceu primeiro em Nova York. Notou que a aceitação de suas teorias era lenta, sobretudo porque alguns colegas deploravam seu teatralismo.

Iniciou seu trabalho com crianças no Instituto Plymouth, no Brooklyn, e introduziu alguns experimentos no Hospital Mount Sinai local. Em 1929 fundou O *impromptu theater* no Carnegie Hall e mais tarde fez trabalhos no Guild Theater.

O dr. Moreno também fez estudos de sociometria na Prisão de Sing Sing em 1931 e organizou conferências sobre o assunto. Em 1936, fundou o Beacon Hill Sanitorium em Beacon, onde também criou o Teatro Terapêutico nesse mesmo ano. O sanatório recebeu mais tarde seu nome. Ele trabalhou como consultor em muitas outras instituições e recebeu inúmeros prêmios.

Entre suas obras estão *Sociometry, experimental method and the science of society*, publicado em 1951, e *Quem sobreviverá?*, revisto em 1953, além de vários livros que editou sobre psicodrama.

Steven R. Weisman
New York Times, 17 de maio de 1974

J. L. e Zerka, agosto de 1971, Amsterdã, Holanda

www.gruposummus.com.br

IMPRESSO NA

sumago gráfica editorial ltda
rua itauna, 789   vila maria
02111-031 são paulo   sp
tel e fax 11 **2955 5636**
sumago@sumago.com.br

GRÁFICA
sumago